Istruzioni per l'uso

Cari amici roditori,

siete pronti a immergervi con me nella stratopica atmosfera natalizia? Storie, giochi, ricette, activities, barzellette e tante curiosità...

Potete scegliere da che cosa cominciare: per orientarvi all'interno del libro, aiutatevi con i colori!

Avete scelto da dove iniziare?
Voltate pagina e cominciate a leggere!

Carissimi amici,
Natale si avvicina...
Ecco che cosa occorre
per renderlo magico!

Geronimo Stilton

NATALE stratopico

PIEMME

Testi di Geronimo Stilton

Da un'idea di Elisabetta Dami

www.geronimostilton.com

Supervisione testi di Elisabetta Dami Srl

Illustrazione di copertina di Archivio Piemme
Ghaphic Design di Federica Fontana

I contenuti di questo libro sono tratti da:
La magica notte degli elfi

Natale a Picco Puzzolo

Il mistero degli elfi

Barzellette al top

Parlo subito inglese

Vacanze di Natale

Mondo roditore

Pubblicato per PIEMME da Mondadori Libri S.p.a.

Anno 2024 - 2025 - 2026 Edizione 1 2 3 4 5 6 7 8 9 10

Stampa: ELCOGRAF S.p.A.- Via Mondadori, 15 Verona

LA VERA STORIA DI BABBO NATALE

A Nord del Circolo Polare Artico, nell'Europa settentrionale, esiste una regione: la Lapponia. Qui, e precisamente a Rovaniemi, secondo antichissime leggende, vive Babbo Natale.

La sua casa si trova su una collina, in un luogo chiamato 'Korvanturi', che in finlandese significa 'grande orecchio'. Da qui Babbo Natale ascolta quello che dicono i bambini di tutto il mondo e cerca di capire se fanno i capricci o se meritano di ricevere i suoi doni!
Vicino alla casa di Babbo Natale, c'è anche una grande fabbrica di giocattoli, dove tanti piccoli elfi costruiscono i regali per i bambini.
Quando tutti i doni sono pronti, Babbo Natale parte a bordo della sua famosissima slitta, trainata dalle fedelissime renne!

LE RENNE DI BABBO NATALE

Non solo fanno la slitta volare
e in ciel galoppano senza cadere.
Ogni renna ha il suo compito speciale
per saper dove i doni portare.
COMETA chiede a ciascuna stella
'Dov'è questa casa o dov'è quella?'.
FULMINE guarda di qui e di là
per sapere se la neve verrà.
DONNOLA segue del vento la scia
schivando le nubi che sbarran la via.
FRECCIA controlla il tempo scrupoloso
ogni secondo che fugge è prezioso.
BALLERINA tiene il passo cadenzato
per far che ogni ritardo sia recuperato.
SALTARELLO deve scalpitare
per dare il segnale di ripartire.
DONATO è poi la renna postino
porta le lettere d'ogni bambino.
CUPIDO, quello dal cuore d'oro
sorveglia ogni dono come un tesoro.
E l'ultima renna simpatica e brillante
è RODOLFO, la renna dal naso rosso scintillante!

QUANDO VEDETE LE RENNE VOLARE
BABBO NATALE STA PER ARRIVARE!

TUTTI GLI INDIRIZZI DI BABBO NATALE!

La SCANDINAVIA è il Paese di Babbo Natale: ci sono più case del simpatico vecchietto lì, che in tutto il resto del mondo!

Oltre alla casa di Rovaniemi, c'è un'altra casa in , a Savalen. L'entrata è gratuita e si può mangiare tutto il pan di zenzero che si vuole... e nutrire anche gli animali della fattoria, renne comprese!

INDIRIZZO:

JULENISSEN I NORGE, SAVALEN, 2500 TYNSET, NORVAY.

A Drobak, c'è invece la Casa Natalizia di Treegarden, dove durante tutto l'anno si possono acquistare oggetti e decorazioni di Natale e spedire biglietti d'auguri con il timbro e il francobollo dell'ufficio postale di Babbo Natale.

In Svezia, a Tomteland, nel parco di Santaworld, appena fuori la città di Mora, il nostro Babbo Natale ha a disposizione uno stratopico palazzo di legno con torri, porte intarsiate e camini, ma lui dorme in una casa fatta di tronchi d'albero, in un grande letto, con un caldo piumone. Questo palazzo è vicino all'officina dei giocattoli e alla divertente casa dei Troll. Ogni anno arrivano 100 mila letterine da ogni parte del mondo alle quali Babbo Natale risponde di persona.

Se volete recapitargli una letterina all'ufficio postale di Rovaniemi (in Finlandia), potete scrivergli a questo indirizzo: JOULUPUKKI, 96930 ROVANIEMI, FINLAND; oppure box: CASELLA POSTALE 99999, KORVATUNTURI, FINLAND.

INDIRIZZO:
SANTAWORLD, MORA, SWEDEN.

NATALE A PICCO PUZZOLO

ANCHE QUEST'ANNO STA ARRIVANDO IL NATALE!

Quando quella mattina mi alzai, prima sbadigliai e mi STIRACCHIAI, poi guardai fuori dalla finestra e vidi che NEVICAVA.
Oh come nevicava!
I fiocchi di neve SCENDEVANO fitti fitti fitti, turbinando nel vento.

Allora mi ricordai che era dicembre e strillai: – Sta arrivando il Natale!
Ma scusate, non mi sono ancora presentato: il mio nome è Stilton, *Geronimo Stilton*, e dirigo l'*Eco del Roditore*, il giornale più famoso dell'Isola dei Topi.
Con il cuore pieno di felicità, saltai giù dal letto per prepararmi ad andare in ufficio, canticchiando:

– Dicembre è il mio mese preferito...
è sempre stato il mio favorito...
e presto arriverà il Natale,
che è sempre un momento speciale!
Si voglion bene tutti quanti
e di regali ne arrivano tanti,
ma ciò che conta è solo l'amore
che a Natale si sente nel cuore!

Fu allora, proprio allora, che
il campanello della porta trillò:

– DRIN
DRIIIINNN
DRIIIIIIINNNN!

Una voce gridò: – Dai, apri!
Io chiesi: – Ma chi è?
La voce rispose: – Babbo Natale!
Io **STRILLAI**: – Cosacosacosa?
Socchiusi la porta...

Un Babbo Natale coi baffi folti e l'aria furbetta mi agitò una campanella dorata davanti al muso. Indossava un grembiule da cuoco e portava in spalla gli sci. Aveva anche una valigia in mano... ma perché?

Canticchiò: – Sei stato bravo, Geronimone? Altrimenti niente regali, solo carbone!

Io protestai: – Ma tu non sei Babbo Natale!

Sei Trappola! E perché porti il grembiule da cuoco sopra il costume da Babbo Natale? Che cosa c'entrano gli sci? Ma soprattutto, perché hai una VALIGIA? Devi partire?
Lui esclamò: – Ah, ma allora non sei babbeozzo come sembri, cuginozzo! Sì, sono vestito da Babbo Natale, ma il grembiule da cuoco è per una gara da Mastro Pasticciere, gli sci sono per sciare e la valigia... te lo spiego dopo, il tuo CERVELLINO non riuscirebbe a capire tutte queste cose complicate! Dimmi dimmi dimmi, sei pronto per il Natale? Preparati a qualche scherzuccio, cuginuccio, a Natale ogni scherzo vale!
Io borbottai: – Ti sbagli, a *Carnevale* ogni scherzo vale, non a *Natale*!
Lui sbuffò: – Uff, fai sempre il precisino, Geronimino...

Poi si portò la zampa alla fronte con aria drammatica: – Ho un chiaro PRESENTIMENTO! Tu... tu... tu... non passerai il Natale a Topazia!
Io stupito gli chiesi: – E perché? Non ho in programma nessun viaggio.
Lui di nuovo si portò la zampa alla fronte: – Tu... tu... tu... farai presto un viaggio!
Io sbuffai: – Mah, non mi risulta proprio. Ho un bel po' di lavoro da sbrigare in ufficio, insieme a Tea, a nonno Torquato e...
Lui ridacchiò e allora, uhm, notai *qualcosa*... Mi parve che si sentissero degli strani rumori provenire da fuori, come se qualcuno ridacchiasse per strada.
Io chiesi, insospettito: – Chi c'è là fuori? Eh? Mi stai facendo uno scherzo?
Lui strillò: – Non sono mai stato tanto serio,

Geronimerio! Tu tra un po' partirai, perché ti serve una vacanza, ecco! Devi riposarti!

Poi iniziò a cantare una strana canzone:

– Se dico che ti devi riposare,
tu mi devi ascoltare!
Sei stanco stanchissimo,
ti serve un posto bellissimo,
dove dormire fino a tardi:
senza preoccuparti dei ritardi!
Devi partire immediatamente,
ti farà bene immensamente,
e se sei un topo saggio,
fa' una scorta di formaggio,
poi parti per la montagna,
verso un paese da cuccagna,
ma la famiglia porta con te...
dai retta a me!

Dalla porta mi parve di sentire un coretto di voci che facevano **ECO** a Trappola: – ... *ma la famiglia porta con te... dai retta a me!*
Io tesi le orecchie, **SOSPETTOSO.**
Uhm, ora ero proprio sicuro di aver sentito *qualcosa*!
Strillai: – **CHI C'È LÀ FUORI?**

CHI?
CHI?
CHI?

Ma Trappola mi interruppe, interrogandomi: – Dimmi dimmi dimmi immediatam*ente*, **Geronimente!** Tu vuoi bene ai tuoi parenti, e non li lasceresti mai da soli a Natale, vero? Rispondi solo **SÌ** o **NO!**

Io **STUPITO** risposi: – Ehm, sì, ma...

– E tu vuoi bene ai tuoi amici, e non li dimenticheresti se andassi in vacanza in un bel posto, vero? Rispondi solo **SÌ** o **NO!**

Io stupito ripetei: – Ehm, sì, ma...

– E tu vuoi bene ai tuoi collaboratori, e se te ne andassi via per le **vacanze natalizie** li porteresti con te, non è forse vero? Rispondi solo **SÌ** o **NO!**

Io stupito conclusi: – Ehm, sì, ma...

Un attimo dopo, la porta si **SPALANCÒ**...

QUALCOSA LÀ FUORI!

Dalla porta spalancata entrò una folla di **roditori** che mi travolse!

C'era *tutta* la mia famiglia e poi *tutti* i miei amici e *tutti* i miei **COLLABORATORI** dell'*Eco del Roditore*!

Io ***STRILLAI***, mentre mi circondavano:

– Ecco, lo sapevo che c'era *qualcosa* là fuori!

Solo allora notai che *tutti*, ma *proprio tutti* erano vestiti da **montagna**, con sciarpe, cappelli di lana, giacche a vento, pantaloni da sci e scarponi.

PERCHÉ?

Grazie, Geronimo!
Bravo, Ciccetto!
Ma ci siete tutti!
Grazie dell'invito!

Tutti gridarono: – Grazie dell'invito, Geronimo! Non dovevi proprio **DISTURBARTI** così... però lo apprezziamo molto! Grazie grazie grazie!

PERCHÉ?

Tutti mi abbracciarono: – Geronimo, perché sei ancora in PIGIAMA? Vestiti, dobbiamo partire, così riusciamo a essere sulle piste già oggi!

PERCHÉ?

Tenebrosa mi diede un bacino a tradimento sui baffi. – Che bella idea hai avuto, Ciccetto! Sarà così *romantico* sposarci in montagna! Ho già il vestito pronto e...

IO NON CI CAPIVO UNA CROSTA!

Così strillai: – Cosacosacosa? Perché siete *tutti* vestiti da **montagna?** E perché *tutti* mi ringraziate per un invito (ma quale invito)? E perché *tutti* mi dite di **PARTIRE?** Partire per dove? E che cosa c'entrano gli sci? *Qualcuno* vuole **SPIEGARMI** tutto questo, per cortesia?

Trappola mi tappò la bocca e annunciò:

– Geronim*esto* ora fa il mod*esto*, ma avete sentito anche voi che ci ha invitato **TUTTI**... Lui ci vuole bene, avete sentito anche voi, vero?

E ci invita TUTTI ad andare in vacanza con lui in montagna: TUTTA la famiglia, TUTTI gli amici, TUTTI i collaboratori dell'*Eco del Roditore*!

TUTTI gridarono in coro: – Sì, abbiamo sentito anche noi, abbiamo sentito TUTTI!

Io balbettai: – Ehm, certo che vi voglio bene, e se andassi in vacanza in montagna mi farebbe piacere portarvi TUTTI con me, ma... dove?

Trappola, trionfante, mi agitò davanti al muso un foglio a colori, con la FOTOGRAFIA di un hotel col tetto coperto di neve.

– Ecco qua, ha pensato a TUTTO tuo cugino Trappola, ma

mi sei almeno riconoscente, Geronimo? Ho prenotato per TUTTI nell'hotel più bello di TUTTI: il Grand Hotel Topo Palace! Sai, si trova nel luogo per le vacanze invernali più bello e più famoso di TUTTA l'Isola dei Topi, ovvero Picco Puzzolo! Ed è proprio lì che si svolge la festa più famosa di TUTTO l'anno: il FESTIVAL NATALIZIO!

Mi strizzò l'occhio: – Cugino, *sarai in vacanza per riposarti*! Ma mi sei almeno riconoscente?

TUTTI mi trascinarono verso la porta: – Qui fuori c'è già il camper che aspetta! Si parte,

GERONIMOOOOOOOO!

Evviva!
Forza Scamorzolo!
Che bello!
Si parte!

10||011

Benvenuti a Picco Puzzolo!

Il viaggio per Picco Puzzolo durò varie ore. Presto il paesaggio cominciò a cambiare, mentre l'aria diventava sempre più fresca...
Apparve una lunga catena di VETTE INNEVATE, e la strada si inerpicò sempre più ripida, finché arrivammo a Picco Puzzolo!
Vedemmo uno STRISCIONE rosso, decorato con stelline dorate, su cui era scritto:

BENVENUTI A PICCO PUZZOLO!

Trappola strillò: – Ecco il Topo Palace, ovvero il Grand Hotel di Picco Puzzolo, quello dove ci ha invitato Geronimo!

BENVENUTI A PICCO PUZZOLO!
Che super camper!

Tutti gridarono: – Siamo arrivati! Evvivaaa! Poi CORSERO fuori e io scesi per ultimo... Davanti a me c'era un albergo di legno scuro con il tetto di tegole grigie. Sembrava molto lussuoso e io pensai, rabbrividendo, al CONTO che avrei dovuto pagare...

Mi venne incontro il direttore, un roditore dai lunghi baffi grigi. – Dottor Stilton! Come da istruzioni di suo cugino, il signor Trappola, ehm, ecco il conto per il vostro soggiorno. Come vede è, ehm, piuttosto alto, ma suo cugino ha detto che non ci sarebbero stati problemi! Ehm, potrebbe lasciarmi un acconto?

Trappola mi strizzò l'occhio: – Solo il meglio per la famiglia Stilton!

Io sospirai... ma poi pensai che era bello che tutti fossero felici, dopotutto era Natale, ed era bello passarlo tutti insieme!

Andai in camera: ero **STANCO** per il viaggio e già pregustavo una doccia calda, una cena tranquilla e una bella dormita...
Ma appena aprii la porta... mi accorsi che la camera non era **VUOTA**: c'era già un roditore che la occupava, ed era mio cugino!

Tutto, ma proprio tutto... su Picco Puzzolo!

Dopo cena ci raggiunse il direttore dell'albergo e ci raccontò *tutto*, ma proprio *tutto*, su Picco Puzzolo! Io avevo sonno, ero stanco, sfinito, spolpettizzato, ma lui continuava a parlare...

– Picco Puzzolo è la più famosa località per gli sport invernali dell'Isola dei Topi! Ci sono tante PISTE DA SCI stratopiche, dalla più facile alla più difficile. C'è la famosissima pista di discesa libera e quella per lo sci di fondo! Una pista da competizione per il BOB e una grande pista di pattinaggio sul ghiaccio...

Io, cercando di non SBADIGLIARE,

dissi: – Non le dovremo provare tutte, vero? Ehm... al massimo userò lo SLITTINO con i ragazzi!

Il DIRETTORE allora disse: – Benissimo! C'è anche una pista per gli slittini... dedicata ai più piccoli! E molti impianti di risalita, con funivia, ovovia e skilift! Ma a Picco Puzzolo ci sono anche molti hotel, e il più famoso è questo: lo storico Grand Hotel Topo Palace, dove soggiornano tutti i roditori più famosi dell'Isola dei Topi!

Io aggiunsi: – Ehm... ed è anche il più costoso!

Ma lui incurante continuò: – Ma Picco Puzzolo è così rinomata perché qui si svolge il famoso Festival Natalizio che...

A quel punto, però, mi addormentai!

NATALE A PICCO PUZZOLO
Tra sport e divertimento!

TUTTO È PRONTO PER FESTEGGIARE IL NATALE!

1) Striscione di benvenuto nella città.
2) Statua di Babbo Natale e cassetta postale per imbucare le letterine natalizie.
3) Albero di Natale della città.
4) Luminarie della città.
5) Pista di pattinaggio sul ghiaccio.
6) Palco per il concerto natalizio.
7) Tavolata per la gara per il Miglior Dolce Natalizio.

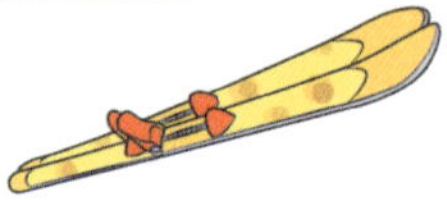

Ma... ma... ma... non dovevo riposarmi?

La mattina dopo stavo ronfando tranquillo nel mio letto, sicuro di poter dormire fino a tardi.

Ero in vacanza per riposarmi, o no?

Ma qualcuno mi strillò sul muso:

– SVEGLIA SVEGLIAA SVEGLIAAA!

Sveglia che è ora di alzarti, dai che devi svegliarti, avanti cugino, non fare il pigrott*ino*!

Io aprii gli occhi frastornato:

– Eh, la sveglia, cioè il cugino, che c'entra il pigrottino?

Mio cugino spalancò la finestra e fui investito da una folata di aria gelida.

Lui ridacchiò: – Dai che è ora di andare a **sciareee!**

Io protestai: – Ma... ma... ma... **non ero in vacanza per riposarmi?**

Con un sospiro mi alzai, poi cominciai a IMBACUCCARMI.

IN FUNIVIA

Salimmo su una funivia che ci portò molto, moolto, mooolto in alto. Io **GUARDAI** giù e mi frullarono i baffi per le vertigini!
Poi prendemmo un'ovovia... e nell'entrare mi schiacciai la *coda* nella porta!
Infine salimmo su una seggiovia e io persi i guanti... che freddo alle ZAMPE!

IN OVOVIA

Mi restava da prendere solo lo skilift e anche lì feci una **figuraccia**, incrociai gli sci e sbattei col muso per terra!

Finalmente arrivammo alla prima pista da sci.

Era la più **FACILE**... ma presto mi resi conto che per me era fin troppo difficile!

Scoprii poi che Trappola era bravissimo a **SCIARE**, aveva preso un sacco di lezioni!

SULLA SEGGIOVIA

Io invece non ero granché con gli sci, e appena cominciai a scendere giù per la pista, iniziarono i guai!

DISCESA DALLO SKILIFT

1 PRIMA SCIVOLAI SUL GHIACCIO...

2 ... e feci un'incredibile spaccata...

3 ... poi scesi a spazzaneve, a zig zag...

4 ... infine persi il controllo e rotolai fino a diventare una palla di neve!

LE REGOLE DI SICUREZZA SUGLI SCI

- INDOSSA SEMPRE IL CASCO PROTETTIVO.
- NON METTERE MAI IN PERICOLO TE STESSO O GLI ALTRI.
- IN PISTA TIENI UN COMPORTAMENTO CORRETTO E UNA VELOCITÀ MODERATA.
- NON FERMARTI IN MEZZO ALLA PISTA O DOVE TU NON ABBIA UN'AMPIA VISIBILITÀ.
- SE SALI O SCENDI (A PIEDI) LUNGO UNA PISTA, DEVI FARLO AI BORDI DELLA STESSA, NON IN MEZZO.

Trappola mi tirò fuori dal mucchio di neve, **STRILLANDO**: – Sei scars*uccio* con gli sci da discesa, cugin*uccio*! Non ti vengono bene le curve, eh? Ma so io dove non c'è bisogno di saper **curvare**... lì basta andare dritti!
Io chiesi stupito: – Non c'è bisogno di curvare? Ma in che senso, scusa?

Lui mi strizzò l'occhio: – Vedrai che **sorpresone, Geronimone!**

Intanto Trappola ridacchiava sotto i baffi...

In un lampo fummo su un pendio ripidissimo, da cui partiva una pista in **DISCESA!!!**

Io curioso mi affacciai e guardai giù...

Fu allora che lui mi spinse da dietro: – Vai vaii vaiii, vai così che vai **veloce, Geronimoce!**

Ehm, devo confessare che per andare veloce effettivamente andai veloce, altro che...

Il PROBLEMA era che non riuscivo più a FERMARMI!

Cominciai a rotolare, con effetto valanga e alla fine mi ritrovai, di nuovo, dentro un enorme mucchio di **NEVE** che si fermò a valle!

DISCESA LIBERA

È UNA DISCIPLINA DELLO SCI ALPINO. SI SCIA SU UNA PISTA SENZA PALETTI CHE INDICHINO LA DIREZIONE DA SEGUIRE, MA LIBERI DI SCEGLIERE LA PROPRIA TRAIETTORIA. IL PERCORSO DI UNA DISCESA LIBERA PREVEDE ANCHE DISLIVELLI, SALTI, CURVE E TRATTI SU SUPERFICI GHIACCIATE.

Trappola SCESE fino a valle per recuperarmi e scosse la testa.

– No no no, così non va, sei un disastro, Geronimastro... mi sa che per te è meglio lo sci di fondo!

Così mi portò su una PISTA in piano, che si snodava con curve ampie tra gli abeti di una fitta FORESTA. Era la pista da sci di fondo!

Lo sci di fondo mi piaceva, perché si stava in mezzo alla natura, ma... Trappola andava velocissimo, mentre io dopo poco avevo già il fiatone per lo sforzo!

Quando mi sdraiai a terra come uno zerbino, SFINITO per la stanchezza, lui si lamentò: – Ma non ti va mai bene niente, Geronimente!

Se gli sci non fanno per te, ho un'alternativa...

SCI DI FONDO

FA PARTE DEL GRUPPO DELLE DISCIPLINE NORDICHE ED È NATO DALLA NECESSITÀ DEI POPOLI NORDICI DI SPOSTARSI ALLA RICERCA DI CIBO IN LUOGHI COPERTI DI NEVE PER MOLTI MESI ALL'ANNO.

NELLO SCI DI FONDO SI PROCEDE SULLA NEVE USANDO COORDINATAMENTE GLI SCI E I BASTONCINI.

ESISTONO DUE TECNICHE, QUELLA CLASSICA E QUELLA LIBERA, CHE SI DIFFERENZIANO IN BASE AL SISTEMA CON CUI SI TRASFERISCE LA FORZA DELLE GAMBE AL SUOLO, PER SPOSTARSI.

Mi trascinò in cima a
una collina, dove c'era
una pista per il **BOB**.
Ma il bob non era meglio,
era molto peggio per me!
Trappola insistette per
caricarmi su un bob
che poi **SPINSE**
giù per la pista.
Strillò: – Vedrai
come ti divertirai,
se **SOPRAVVIVERAI!**
Con il bob farai
faville, vedrai
che scintille!
Dacci dentro
e fai bella
figura, Geronimura!!!

Un attimo dopo, mi ritrovai lanciato a velocità stratosferica su una pista liscia come cristallo, strillando: – AIUTOOOOOOOOOOOOOO!

Il bob prese sempre più velocità, finché uscì dalla pista, SWISHHHHHHHHHH!

Speravo che fosse finita, ma già Trappola mi trascinava via, verso una pista di pattinaggio... Mi infilò a razzo un paio di pattini... mi spinse a razzo verso la pista di ghiaccio... mi costrinse a volteggiare a razzo, SEMPRE PIÙ VELOCE, SEMPRE PIÙ VELOCE, SEMPRE PIÙ VELOCE!

DISCESA CON IL BOB

IL BOB È UNA SLITTA INVERNALE USATA NELL'OMONIMO SPORT. PUÒ ESSERE A DUE O A QUATTRO POSTI, CON UN CAPO SQUADRA CHE GUIDA LA SLITTA CON UN VOLANTE. NELL'EQUIPAGGIO A BORDO DEL BOB C'È ANCHE UN FRENATORE, CHE FRENA LA SLITTA USANDO UN ARPIONE.

Nonostante in passato avessi preso delle lezioni di pattinaggio*, finii **SPIACCICATO** a terra, e Trappola ammise: – Uhm, neanche il **pattinaggio** va bene per te... Niente da fare, sei proprio negato per gli sport invernali!

*Leggi la mia avventura *Il segreto dei pattini d'argento.*

PATTINAGGIO SUL GHIACCIO

PER PATTINARE SUL GHIACCIO SI USANO PARTICOLARI PATTINI FORNITI DI STRETTE LAME. NEI PAESI CON UN CLIMA PARTICOLARMENTE RIGIDO, SI PRATICA QUESTO SPORT ANCHE ALL'APERTO, SULLE SUPERFICI GHIACCIATE DI LAGHI, FIUMI O CANALI. ALTRIMENTI SI PRATICA ALL'INTERNO DI PALAZZETTI DEL GHIACCIO, OVVERO STRUTTURE CON PISTE DI GHIACCIO APPOSITAMENTE COSTRUITE E MANTENUTE DA IMPIANTI DI REFRIGERAZIONE.

IO SOSPIRAI, SFINITO:
– VERAMENTE,
IO VOLEVO SOLO
UNA VACANZA
PER RIPOSARMI...

UHMMM...

Finalmente mi lasciò in pace, e fu allora, proprio allora, solo allora, che cominciai a **divertirmi!** Quella sì che era *una vacanza per riposarsi*!

Insieme a Benjamin e **Trappy**, feci tante discese con lo slittino. Che spasso!

Però c'era qualcosa di strano... mi pareva sempre che qualcuno mi stesse seguendo...
Mi guardai attorno, ma vidi solo un pupazzo di neve col naso a carota.

Che strano!

Poi disegnammo insieme gli angeli nella neve!
Però mi pareva sempre che qualcuno mi stesse seguendo... Mi guardai ancora attorno, ma vidi solo un **PUPAZZO** di neve col naso a carota.

Molto strano!

Infine facemmo una battaglia a palle di NEVE!

Però mi pareva sempre che qualcuno mi stesse seguendo...

Mi guardai attorno, ma vidi solo un pupazzo di NEVE col naso a carota.

Stranissimo!

Concludemmo con una STRATOPICA gara a chi costruiva più pupazzi di neve!

Ma avevo sempre quella strana, stranissima sensazione...

Che ci fosse veramente qualcuno che mi stava seguendo di nascosto?

RITORNAMMO a piedi tutti e tre felici in albergo, io, Trappy e Benjamin.

Però, proprio mentre entravamo a Picco Puzzolo attraverso lo stradone principale, notammo che MANCAVA *qualcosa...*

Trappy gridò: – Guarda, zio Geronimo, **manca** lo striscione all'ingresso della città! Io alzai lo sguardo e fissai **stupito** in alto, dove prima era appeso.

IN EFFETTI LO STRISCIONE
ERA SCOMPARSO!

Perché lo avevano tolto?
Proprio allora sentii delle grida:
– È sparita la CASSETTA postale per le letterine natalizie, vicino alla statua di BABBO NATALE!
E altre grida: – E tutte le decorazioni sono rovinate... non potremo addobbare l'albero di Natale!

Passammo davanti alla piazza principale. Vicino all'albero c'erano tante scatole, ma le DECORAZIONI erano tutte rovinate! Chissà perché?

Lungo il corso principale, le luminarie si erano **spente**. Perché?

E vidi dei pattinatori che si lamentavano:

– La pista di pattinaggio si è **SCIOLTA!**

Chi è stato?

Sul telefonino mi arrivò in automatico un **AGGIORNAMENTO** delle notizie.

‘Il direttore d’orchestra che durante il Festival di **Picco Puzzolo** doveva tenere

il tanto atteso Concerto di Natale, famoso in tutta l'Isola dei Topi... HA IL MAL DI PANCIA! E tutti, ma proprio tutti gli strumenti musicali sono risultati danneggiati: mancano i tasti al PIANOFORTE, le corde ai violini, e i tasti alle trombe!'.

E poi un'altra notizia: – 'È sparito il premio della Gara per il Miglior Dolce Natalizio!

Si tratta della Pentola d'Argento, che viene consegnata al Mastro Pasticciere vincitore, alla fine della gara. I cuochi che dovevano partecipare alla sfida sono disperati! Che faranno ora?'.

Tutti **COMMENTAVANO**: – Quest'anno il Festival Natalizio di Picco Puzzolo sarà un disastro!

PENSIEROSO RITORNAI IN ALBERGO...

Accompagnai i miei due nipotini nella loro stanza, poi **ENTRAI** in quella dove dormivo con Trappola.

Mio cugino non c'era!

Ma appena entrai, sentii che c'era qualcosa di strano...

MI GUARDAI ATTORNO, PERPLESSO...

Uhm, non notavo niente di particolare nella stanza.

Eppure... UHM...

UHMM...

UHMMM...

UN MISTER*INO* DA RISOLVERE!

Mi guardai attorno. Nella stanza c'erano i mobili di LEGNO in stile rustico... il caminetto... un quadro che rappresentava una montagna con delle caprette... i due letti, mio e di mio cugino... i nostri bagagli... gli sci... gli scarponi... un PUPAZZO di neve...

Eeeeh? Cosacosacosa? Un pupazzo di neve?
Va bene che eravamo in **MONTAGNA**, ma che cosa ci faceva un pupazzo di neve in camera mia?
Il pupazzo si animò e mi corse vicino, tese un braccio e strillò: – Geronimino! Ho bisogno di un aiutino! C'è un misterino da risolvere!
Io strillai, TERRORIZZATO: – Aiutooo! I pupazzi non si muovono, non parlano, insomma, che ci fai qui tu? **Chi sei?**

Il pupazzo di neve cominciò ad armeggiare per togliersi la testa, e io **STRILLAI**, ancora più terrorizzato: – Aaaaargh! Il pupazzo di neve vuole togliersi la testa? Ma questo è un **INCUBO**, aiutoooo! Mi sento **SVENIREEEEEEEE...**

Alla fine il pupazzo riuscì a togliersi la testa, **PLOP!**

Ne spuntò un bizzarro muso di roditore dalla **PELLICCIA** grigia, con i baffi storti

e due occhi spalancati, e la sua voce esclamò:
– Piaciuto il costumino da pupazzino, eh, Geronimino? Ora mi riconosci? Sono io, il tuo amichettino, Ficcanasino!
Ma ormai io non lo sentivo più.

Ero già svenuto...

PAROLA DI FICCANASO SQUITT!

Quando rinvenni, mi accorsi che qualcuno mi aveva tirato una **SECCHIATA** di neve proprio sul muso.

Ficcanaso strillò: – Dai, **Geronimino**, c'è un **misterino** da risolvere, e col tuo **aiutino** ce la farò, anzi ce la faremo!

Io borbottai: – Per poco non schiattavo per colpa del tuo PUPAZZO di neve! A proposito, grazie per la secchiata di neve, è stata proprio una bella idea, complimenti!

Ficcanaso tagliò corto: – Geronimino, volevo essere sicuro che ti riprendessi in fretta, mi serve il tuo aiutino urgentino. Dai dai dai, non fare il piangino, non sei schiattato, no?

Ora ti spiego TUTTO...

Si era già tolto il costume da pupazzo di neve e con un sospiro iniziò a spiegare: – Me lo sentivo che ci sarebbe stato un problemino, e infatti c'è stato. Qualcuno nell'Isola dei Topi vuole SABOTARE il Festival di Natale che si svolge ogni anno qui a Picco Puzzolo. Ecco perché sono successi tutti questi STRANI 'incidenti'... Non trovi strano che lo striscione di benvenuto sia scomparso? Che la cassetta postale per le letterine natalizie sia sparita? Che le decorazioni dell'albero di Natale fossero già rovinate nelle scatole? Che le luminarie si siano spente? Che il ghiaccio della pista di pattinaggio si sia sciolto? Che il direttore del CONCERTO DI NATALE abbia il mal di pancia? Che sia sparito il premio della Gara per il Miglior Dolce Natalizio?

FICCANASO SQUITT

È UN MIO CARO AMICO, LO CONOSCO FIN DAI TEMPI DELL'ASILO, SIAMO PRATICAMENTE CRESCIUTI INSIEME! MA FICCANASO È ANCHE UN GRANDE INVESTIGATORE PRIVATO E DIRIGE L'AGENZIA SQUITT. HA RISOLTO CASI MOLTO DIFFICILI ED È FAMOSO IN TUTTA L'ISOLA DEI TOPI!

Concluse, emozionato: – Sì, qualcuno vuole rovinare il Festival di Natale di Picco Puzzolo. Ma noi lo impediremo, parola di Ficcanaso Squitt!
Io conclusi: – Ehm, ma a questo punto, che cosa c'entro io? GUARDA che io sono qui in vacanza per riposare...
Ficcanaso si gettò ai miei piedi, singhiozzando: – Dai, Stiltonino, non fare il difficilino! Lo sai che quando lavoriamo insieme siamo una squadrettina fortissimissima...
Proprio allora nella stanza entrò correndo mio cugino Trappola. Lui era disperato e gridò: – Avete sentito? Hanno rubato la PENTOLA D'ARGENTO! Non potrò partecipare alla Gara per il Miglior Dolce Natalizio! Speravo di diventare Mastro Pasticciere e invece...

Ficcanaso, furbino, gli fece notare: – Trappola, sono venuto qui appunto per scoprire chi sta **sabotando** il Festival di Picco Puzzolo, inclusa la Gara per il Miglior Dolce Natalizio! Ho chiesto a Stiltonino di collaborare, ma lui si rifiuta... dice che non c'entra niente... che è qui in vacanza... che vuole riposare...

Poi, con aria furbetta, corse a bussare alla stanza a fianco: – Trappy, Benjamin! Venite qui e dite anche voi al vostro ziett*ino* che deve fare qualcos*ina* per salvare il Natale!
Trappy e Benjamin corsero ad abbracciarmi:
– Zio, ti prego, dobbiamo salvare il Natale!

A quel punto non potevo più DIRE DI NO!

Aprii la bocca per dire: – E va bene, allora d'accord...
Non feci in tempo a finire la frase, che Ficcanaso già mi trascinava fuori.
– Presto, non perdiamo neanche un minutino, Stiltonino, dobbiamo investigare subitino!

Bananaski!

Ficcanaso mi mostrò uno **strano** mezzo di trasporto.
Era un po' come la sua Bananamobile... ma era sugli sci!
Lui strillò: – Sali sulla **BANANASKI**, **Stiltonino!** E... tieniti forte!
Salimmo, e un attimo dopo andavamo già a tutta velocità.
Io strillai: – **Aiutoooooo!**

Scivolammo lungo le vie di Picco Puzzolo...

LA BANANASKI

È la slitta a motore più strana che si possa immaginare: è tutta gialla, a forma di banana, e corredata di calde coperte decorate.

È perfetta per spostarsi rapidamente sulla neve o sul ghiaccio.

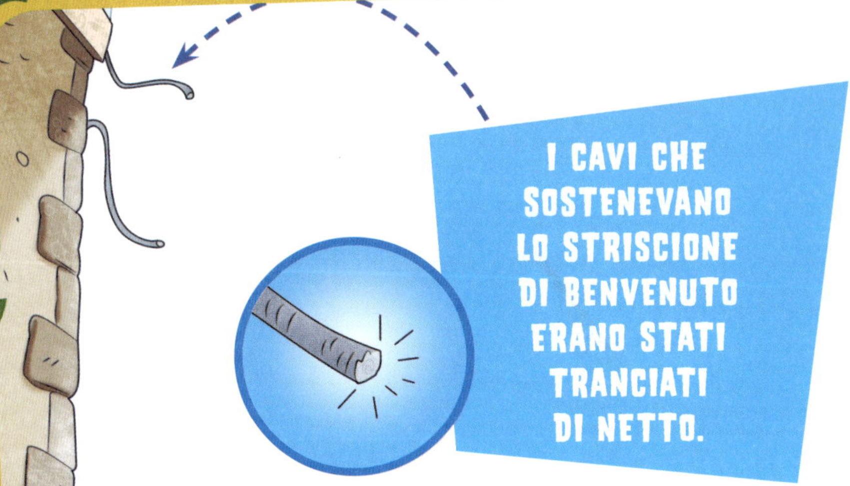

La Bananaski si **FERMÒ** davanti ai cavi che prima reggevano lo striscione di benvenuto.

Ficcanaso li indicò: – Guarda, Stiltonino... i cavi che reggevano lo striscione non si sono sfilacciati per colpa del vento, ma sono stati **tranciati**, tagliati di netto! Quindi... non si tratta di un incidente! Ma chi è stato?!

Frugammo nella neve, ai piedi del

MURO dove prima era appeso lo striscione. Io a un certo punto trovai un paio di **OCCHIALI** scuri e li porsi a Ficcanaso. *Uhmmm, quegli occhiali mi ricordavano qualcuno... ma chi?*

Poi in sella alla Bananaski arrivammo all'angolo dove c'era la **STATUA** di Babbo Natale e fino a poco tempo prima una cassetta della posta, per **IMBUCARE** le letterine con i pensieri natalizi.
Ora c'era solo la statua, la cassetta era sparita!
Di nuovo Ficcanaso cominciò a indagare e scoprì che nel **PIEDISTALLO** era rimasto impigliato un lembo di tessuto leopardato.

Uhmmm, quella stoffa mi ricordava proprio qualcuno... ma chi?

Poi la BANANASKI scivolò fino a un altro posto: la piazza principale di Picco Puzzolo, dove c'erano centinaia di scatole di cartone, sotto l'enorme albero di Natale.

L'albero avrebbe dovuto essere decorato con le

PALLE DI VETRO

contenute dentro le scatole, ma le decorazioni erano tutte rotte...

Ficcanaso indagò facendo molte domande a tutti i roditori che si trovavano sotto l'albero. Gli spiegarono che Picco Puzzolo era fiera del suo meraviglioso albero natalizio e che ogni anno molti volontari si offrivano di decorarlo. Le palle di vetro erano ANTICHE e risalivano a centinaia di anni prima.

Ficcanaso notò che dietro una scatola era nascosto un MARTELLO con incise sul manico le iniziali M.N.

Uhmmm, quelle iniziali mi ricordavano qualcuno... ma chi?

Poi andammo a **CONTROLLARE** le luminarie appese nel corso principale.

Che peccato che le luci si fossero guastate! Ci accorgemmo che qualcuno aveva tranciato i fili della centralina che le accendeva. Ecco perché non FUNZIONAVANO! Nella neve vedemmo impronte di scarpe femminili, con altissimi tacchi a spillo. *Uhmmm, quelle impronte mi ricordavano qualcuno... ma chi?*

Poi andammo alla pista di pattinaggio. Tutto il ghiaccio si era **SCIOLTO** perché qualcuno aveva invertito la temperatura dell'acqua che veniva inviata alla pista: era **CALDA** anziché **FREDDA!** Che strano...

A terra, qualcuno aveva dimenticato un libro. *Uhmmm, quel libro mi ricordava qualcuno... ma chi?*

A TERRA C'ERA UN LIBRO DAL TITOLO: 'PERCHÉ DIRE SÌ, QUANDO SI PUÒ DIRE NO?'.

Andammo a trovare il direttore d'ORCHESTRA.

Era chiuso in bagno con il mal di pancia e ci disse che aveva mangiato dei cioccolatini ricevuti per posta, avvolti in una carta da regalo leopardata e corredati da un biglietto in una busta sempre leopardata.

Uhmmm, quella carta e quel biglietto mi ricordavano qualcuno... ma chi?

Poi ANDAMMO all'Accademia di Cucina, dove era stato rubato il premio per la gara di DOLCI.

Lì c'era anche Trappola... **Interrogammo** tutti i giudici della giuria, ma non ci parve di fare alcun passo in avanti. Poi uno dei giudici si ricordò che c'erano delle telecamere **ANTIFURTO**, allora guardammo le immagini registrate e... vedemmo il ladro!

LA LADRA AVEVA I CAPELLI A CASCHETTO.

Si vedeva la figura di una roditrice coi capelli a caschetto... Era stata interrotta durante il furto e aveva nascosto il **premio**, infatti era fuggita senza... Ma dove lo aveva nascosto? *Uhmmm, quella roditrice mi ricordava qualcuno... ma chi?*
Io **BORBOTTAI**: – Ricordate l'antico detto: 'Il miglior posto dove nascondere una foglia è una foresta?' Se stiamo cercando una pentola... cerchiamo tra le pentole! Qui ce ne sono **TANTE**, anzi **TANTISSIME!** Forza, diamoci da fare!
Rovistammo tra le tante pentole in acciaio, ferro, alluminio e rame che c'erano all'Accademia, finché la trovammo proprio lì, nascosta dal ladro tra le altre pentole: la **PENTOLA D'ARGENTO**, il premio per la Gara per il Miglior Dolce Natalizio!

È molto stranino!
Qui non c'è!
Ahiaaa!

Trappola felice mi abbracciò: – Evviva, la gara è salva! E l'hai salvata tu, Geronimo! Grazie! Ho ancora una possibilità per diventare **Mastro Pasticciere** dell'Isola dei Topi!
Io SORRISI. – Sì, la gara di cucina è salva, ora ci resta da risolvere tutto il resto!

Il segreto di M.N.

Rientrammo in hotel.

Io mi chiusi in camera con Trappy, Benjamin, Ficcanaso e tutta la famiglia. PENSAMMO PENSAMMO PENSAMMO...

Io continuavo a riflettere su tutti quegli indizi che mi ricordavano qualcuno, ma CHI? CHI?? CHI???

Finché improvvisamente gridai: – *Madame No!*

Fu allora che arrivò il direttore del Grand Hotel, preoccupato.

MOLTI INDIZI CONDUCEVANO A *Madame No!*

Pensate a qualcuno che porta sempre occhiali neri...

Che indossa sempre tessuto leopardato...

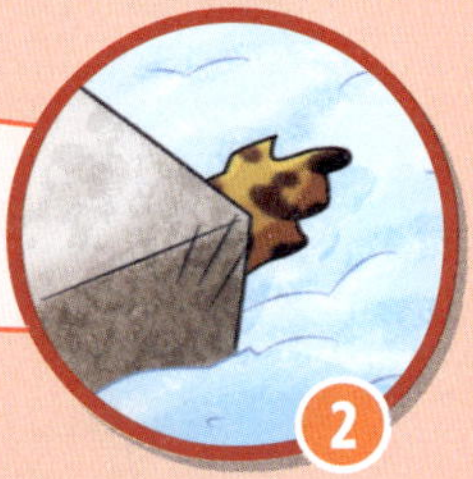

Le cui iniziali sono M.N...

Che porta scarpe col tacco a spillo...

Che risponde sempre 'NO' a tutti...

Che ha persino la carta da regalo e le buste leopardate...

E che ha una pettinatura a caschetto molto caratteristica...

NON POTEVA ESSERE CHE
Madame No!
MA COME POTEVAMO DIMOSTRARLO E PROVARE LA SUA COLPEVOLEZZA? GLI INDIZI CHE ABBIAMO NON SONO SUFFICIENTI PER INCASTRARLA!

– Avete sentito l'**ultima notizia?** Pare che l'Ufficio Postale di Picco Puzzolo sia bloccato... e che i postini non riescano a consegnare gli **auguri natalizi** in città!

Tutti in albergo gridarono: – Non è possibile... un altro 'incidente'? Allora non è un caso... c'è veramente qualcuno che vuole rovinare il Festival di Natale di Picco Puzzolo!

Ficcanaso e io **CORREMMO** all'Ufficio Postale della città e scoprimmo che un *hacker** aveva bloccato tutti i **COMPUTER!** Ecco perché l'ufficio aveva smesso di funzionare!

Quando arrivammo sul posto, vedemmo che

*Hacker: un esperto di sistemi informatici, capace di entrare nelle reti informatiche altrui, per sabotarle.

davanti all'Ufficio Postale erano parcheggiati CAMION e CAMION e CAMION pieni di posta non consegnata.

Insomma, c'erano sacchi di lettere dappertutto! E i postini correvano qua e là, SU e GIÙ, a DESTRA e SINISTRA, avanti e indietro!

Fu allora, proprio allora, che Ficcanaso strillò:

– Fermi fermi fermi tutti, datemi mezz'ora di tempo, ci penso io!

Si FICCÒ in un angolino di una stanzina dell'Ufficio Postale e cominciò a picchiettare sui tasti di un computer.

Dopo mezz'ora esatta, strillò: – Sono bravino coi computerini, modestamente! L'*hacker* è riuscito a entrare nei computer della Posta, ma ha lasciato delle tracce, io le ho seguite e sono entrato nel *suo* computer. Ma io l'ho fatto per aiutare le autorità, non per fare un

L'hacker si trova
a Picco Puzzolo!

sabotaggio! Così l'ho rintracciato: l'HACKER si trova a Picco Puzzolo... dentro un furgone parcheggiato proprio all'angolo dell'Ufficio Postale... andiamo a beccare il furbettino!

Corremmo fuori e vedemmo un furgone nero parcheggiato all'angolo. Era tutto foderato di tessuto leopardato, e dentro era seduta una figura girata di spalle, ma vestita con una giacca leopardata. E aveva i capelli a caschetto!

Ficcanaso strillò: – Allora non è un furbettino, ma una furbettina!

Io la riconobbi subito...

Era Madame No!!!

NATALE È SEMPRE NATALE!

Appena ci vide, Madame No tentò di fuggire, ma Ficcanaso la fermò: – Fermina, ora lei dovrà rispondere di tutti i pasticcettini che ha combinato! Ha tentato di rovinare il Festival e anche il Natale a tanti roditorini, e ora dovrà rimettere tutto a posto!

Lei velocissima picchiettò sui tasti e si sentì:

PING!

Poi annunciò trionfante: – Ha haa haaa! Ho CANCELLATO TUTTO! Non avete prove contro di me, neanche una!

Io la fissai negli occhi. – Madame No, noi forse non possiamo dimostrare la sua colpevolezza, ma sappiamo che è stata lei. Non è così? Non ha forse rovinato lei il Natale a tanti roditori? Non ci si comporta così!
Poi le chiesi gentilmente: – Può spiegarmi, per cortesia, perché ha fatto tutto ciò?
Lei STRILLÒ, furiosa: – Lo vuoi sapere, Stilton? Allora te lo dico. Io non sopporto il Natale! Perché non sopporto di vedere tutti questi roditori che a Natale sono felici... si scambiano regali... si invitano a cena... mangiano tante cose buone... insomma, festeggiano insieme! Umpf, io non sopporto l'atmosfera natalizia! Non sopporto i colori natalizi, rosso e verde e oro! Non sopporto tutte queste lucine, mi fanno venire il mal di testa! I CANTI natalizi mi fanno venire il

mal di pancia! Non sopporto la neve e i pupazzi, e soprattutto gli ALBERI di Natale!

Pestò il piede per terra, gridando:

– Abbasso il Nataleee!

Io riflettei, poi chiesi:

– Scusi se glielo chiedo, ma... lei ha degli amici?

Lei rimase senza parole, poi borbottò:

– Ehm, no, certo che no...

Io chiesi: – Neanche uno?

Lei sbuffò: – Neanche uno! Figuriamoci se Madame No ha degli amici!

Io sorrisi, gentilmente.

– Magari però le piacerebbe avere degli amici... perché non prova?

Lei borbottò: – Uhm... vabbè, giusto come esperimento... magari... solo a Natale... facendo un'eccezione... possiamo essere amici... Ma rimane il fatto che non sarò mai tua amica il resto dei giorni dell'anno, babbeozzo di uno Stilton, capito?

Ci stringemmo la mano io, Ficcanaso e Madame No, e ci mettemmo d'accordo:

– Insieme, tutti insieme, rimetteremo TUTTO a posto e salveremo il Natale!

MISSIONE NUMERO 1
Sostituire lo striscione sparito!

Innanzitutto dovevamo sostituire lo striscione, ma non c'era **TEMPO** per farne uno nuovo e mancava una stoffa resistente.
Trappy notò: – Dopotutto, qual era lo scopo dello **STRISCIONE**? Dare il benvenuto a Picco Puzzolo e fare gli auguri di buone feste a tutti i roditori, no?
Benjamin CONCLUSE: – Allora, potremmo ottenere lo stesso obiettivo addobbando non

l'ingresso della città, ma l'ingresso di ogni porta della città, **GIUSTO?**

Io ero entusiasta. – Bellissima idea, ragazzi!

METTIAMOCI ALL'OPERA!

Così preparammo una bella ghirlanda natalizia con la scritta 'Benvenuti a Picco Puzzolo, Auguri di **BUONE FESTE** a tutti i roditori!'. Seguendo il nostro esempio, gli altri abitanti prepararono ghirlande con **materiale** di recupero trovato in casa!

GHIRLANDA NATALIZIA

CON L'AIUTO DI UN ADULTO!

OCCORRENTE:

- Rotoli di cartone della carta igienica o di carta assorbente
- Colla vinilica e forbici dalla punta arrotondata
- Tempere, pennarelli
- Brillantini, perline, fiocchetti, bottoni

1) Con le tempere o i pennarelli, colora di rosso o di verde i rotoli di cartone.

2) Una volta asciutti, crea dei fiori di 5 o più petali ciascuno, ritagliando dal rotolo dei cilindri alti 1-2 cm e incollandoli come nella figura a lato.

3) Quando avrai finito di fare tutti i fiori, dovrai incollarli insieme, uno dopo l'altro, creando una corona di fiori.

Rendila luccicante aggiungendo dei brillantini!

4) Per arricchire la ghirlanda puoi aggiungere delle perle colorate al centro dei fiori, dei bottoni o dei fiocchetti.

MISSIONE NUMERO 2
Sostituire la cassetta per le letterine natalizie!

Per poter sostituire la cassetta postale, insegnammo a tutti come creare dei piccoli **SACCHETTI** con materiale di recupero, in cui inserire i pensieri natalizi.

Era divertente lavorare insieme!

SACCHETTO DEI PENSIERI

OCCORRENTE:

- Scatole di cartone rettangolari (di cornflakes, riso, sale ecc.)
- Cartoncino colorato oppure carta da regalo a tema natalizio
- Colla vinilica e forbici dalla punta arrotondata
- Cordini di raso oppure spago
- Nastri oro o argento
- Brillantini, perline, fiocchetti, bottoni

CON L'AIUTO DI UN ADULTO!

1) Taglia la parte superiore della tua scatola di cartone.
2) Quindi, usando la colla vinilica, rivestila con del cartoncino colorato, oppure con la carta da regalo a tema natalizio.
3) Decorala a piacere con bottoni, perline, fiocchetti d'oro o d'argento o brillantini.
4) Ora crea due fori per lato nella parte alta della scatola, quella aperta.
5) Per fare i manici, prendi i nastri di raso o lo spago, infilali nei fori e fermali all'interno della scatola con un semplice nodo.

Il 'Sacchetto dei pensieri' è pronto! Scrivi tutti i tuoi pensieri natalizi e custodiscili al sicuro!

MISSIONE NUMERO 3
Sostituire le luminarie spente!

Per sostituire le grandi luminarie, suggerimmo a tutti gli abitanti di Picco Puzzolo di mettere vicino alle finestre una **CANDELA ACCESA**, la sera di Natale... per tenere vivo l'amore e il desiderio di pace in tutti i cuori.
Attenzione però, non bisogna mai lasciare accesa alcuna fiamma incustodita!
Decorammo la nostra candela, era davvero bellissima!

LANTERNA NATALIZIA

OCCORRENTE:

- Barattoli di vetro di qualsiasi forma (yogurt, marmellata, sottaceti ecc.)
- Colla vinilica e forbici dalla punta arrotondata
- Acqua
- Candele profumate e colorate
- Cartoncino rosso
- Brillantini, nastri, fiocchetti, bottoni, fiori secchi, sassolini

CON L'AIUTO DI UN ADULTO!

1) Prendi un barattolo di vetro e decoralo incollandoci sopra con la colla vinilica dei nastri, dei fiocchetti, dei bottoni, oppure dei cuoricini ritagliati nel cartoncino rosso e cosparsi di brillantini.
2) Quando avrai finito, e le decorazioni saranno fissate bene, prendi una piccola candela e inseriscila all'interno del barattolo.
3) Se vuoi puoi aggiungere anche dell'acqua e fare galleggiare la candela, infilando anche qualche sassolino che cadrà sul fondo del barattolo o qualche fiorellino secco che rimarrà a galla.

DIVERTITI A RENDERE LA LANTERNA UNICA E SPECIALE!

CHIEDI AIUTO A UN ADULTO PER ACCENDERE LA CANDELA E... RICORDATI DI SPEGNERLA QUANDO ESCI DI CASA O VAI A DORMIRE!

Com'era spoglio l'**ALBERO** di Natale nella piazza di Picco Puzzolo!

Ma ci pensammo noi ad addobbarlo!

FIOCCHI DI NEVE DECORATIVI

CON L'AIUTO DI UN ADULTO!

OCCORRENTE:

- Bottiglie di plastica
- Tempere blu, azzurre, bianche e grigie
- Brillantini
- Colla vinilica e forbici dalla punta arrotondata
- Spago o nastro colorato

1) Con l'aiuto di un adulto, taglia il fondo di una bottiglia di plastica.
2) Divertiti a decorare il fondo della bottiglia con la tempera blu, azzurra, bianca o grigia, come per creare un piccolo fiocco di neve.
3) Quando il fiocco di neve sarà pronto, cospargilo di colla vinilica e brillantini, vedrai come sarà luminoso!
4) Infine, fai un foro di lato o nel centro del tuo fiocco di neve e infilaci un nastrino o un pezzettino di spago che servirà per legare il fiocco di neve all'albero!

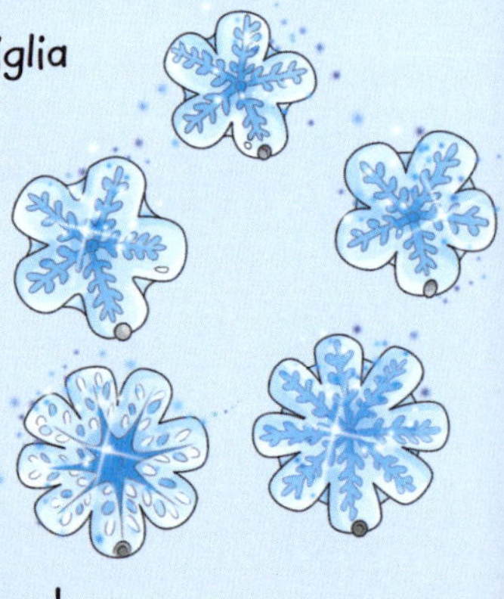

MISSIONE NUMERO 4

Addobbare l'albero di Natale!

Tutti portarono una decorazione preparata appositamente con carta, fiocchi, nastri, pigne e tanti altri MATERIALI SEMPLICI ma di grande effetto...
E l'albero in piazza risultò il *più bello* di tutta la storia del Festival!

PERCHÉ ERA UNICO...

MISSIONE NUMERO 5
Creare nuove attrazioni nella città!

Per rimettere in **funzione** la pista di pattinaggio ci sarebbero volute ancora molte,

TROPPE ORE!

Infatti il ghiaccio avrebbe dovuto avere il tempo di **RIFORMARSI**.
Ma c'era qualcosa che potevamo fare tutti insieme, in piazza... e subito:

I PUPAZZI DI NEVE!

Ficcanaso, che era un esperto di pupazzi di neve, ci insegnò tanti modi per renderli **ORIGINALI!**

COME REALIZZARE UN PUPAZZO DI NEVE

OCCORRENTE:

- Un cappello, una sciarpa o una cravatta, un paio di guanti
- Bottoni scuri, sassolini
- Due tappi di plastica blu o neri
- Una carota
- Alcuni rametti

CON L'AIUTO DI UN ADULTO!

Per prima cosa devi recarti in un luogo (un prato o una piazza) dove la neve sia già caduta da qualche giorno, perché la neve troppo soffice o molto ghiacciata non è adatta per creare delle sculture di neve. Ricordati di coprirti bene soprattutto le mani, con dei guanti spessi e resistenti.

BENE!
Ora puoi incominciare!

1) Per fare la base del pupazzo, compatta la neve creando una palla solida. Il segreto è farla rotolare nella neve fino a quando non avrà raggiunto la dimensione che ti serve!
2) Dopodiché non ti resterà che creare il busto e la testa: il segreto è lo stesso, ma le palle di neve dovranno essere più piccole per essere appoggiate una sopra all'altra.
3) Ci sei quasi... quando tutto è in equilibrio e sei sicuro che tutto sia solido, il pupazzo è pronto per essere vestito! Realizza gli occhi con i tappi di plastica e la bocca con dei sassolini, il naso con la carota e, per finire, aggiungi una sciarpa o una cravatta e il cappello! Potrai arricchire il tuo pupazzo di neve anche con dei bottoni sul busto.
4) Manca qualcosa? Ma certo, le braccia! Potrai realizzarle con dei rametti alle cui estremità infilerai i guanti.

ECCO PRONTO... IL TUO PUPAZZO DI NEVE!

MISSIONE NUMERO 6
Preparare cioccolatini buoni e sani!

Infine, decidemmo di preparare tanti deliziosi **cioccolatini** fatti in casa, con ingredienti di qualità.
Ecco come li preparammo, divertendoci tutti insieme!
Anche **Madame No** si divertì. Non poteva negarlo!
E mangiò tantissimi cioccolatini insieme a noi!

CIOCCOLATINI NATALIZI ARANCIA E NOCCIOLE

OCCORRENTE PER 12 CIOCCOLATINI:

- 150 g di cioccolato fondente
- 1 arancia (solo scorza)
- Granella di nocciole
- Stampi per cioccolatini in silicone di varie forme

CON L'AIUTO DI UN ADULTO!

1) Fatevi aiutare da un adulto a tritare finemente il cioccolato fondente.

2) Lavate l'arancia per bene e, dopo averla asciugata, grattugiatene la buccia, facendo attenzione a non grattare la parte bianca che è molto amara.

3) Mettete il cioccolato fondente a bagnomaria insieme alla scorza dell'arancia, fino a quando risulterà liscio e fluido.

4) Una volta pronto, con un cucchiaino riempite con attenzione lo stampo in silicone, quindi cospargete un po' di granella di nocciole negli stampi per farla affondare nel cioccolato fuso. Ora lasciate raffreddare i cioccolatini in frigorifero per qualche ora.

5) Toglieteli dallo stampo e gustateli con una bella tazza di tisana calda e, se dovessero avanzare, conservateli fino a 2-3 giorni in una scatola di latta ben chiusa.

CHI SARÀ IL NUOVO MASTRO PASTICCIERE?

Proprio allora, sentimmo i giudici gridare:
– Pronti... via! Diamo inizio alla Gara per il *Miglior Dolce Natalizio*, e buona fortuna!

Tutti i cuochi corsero dietro alle loro postazioni, ACCESERO i fornelli e cominciarono a preparare i dolci. Poiché era permesso che si facessero assistere da degli aiutanti, noi della famiglia Stilton ci sistemammo dietro Trappola, pronti ad aiutarlo.
Lui ci disse: – Voglio preparare un piccolo omaggio dolce per i giudici, con il loro nome: pensavo di realizzare dei BISCOTTI che saranno anche un'originale decorazione natalizia per la tavola!

Ci spiegò la ricetta: – Faremo dei biscotti con lo STAMPO, li decoreremo con la glassa, infine confezioneremo ogni biscotto e ci scriveremo il *nome* dei giudici!

BISCOTTI SEGNAPOSTO

CON L'AIUTO DI UN ADULTO!

OCCORRENTE PER I BISCOTTI SEGNAPOSTO:

- 250 g di farina • 180 g di burro ammorbidito
- 100 g di zucchero a velo • 2 tuorli
- La scorza di metà limone

OCCORRENTE PER LA GLASSA:

- 2 albumi d'uovo • 500 g di zucchero a velo
- 1 cucchiaio di succo di limone
- Coloranti alimentari

1) Versate la farina in una ciotola, fate una cavità nel centro e mettete il burro freddo a pezzettini, quindi con i polpastrelli impastate fino a ottenere un composto che si sbricioli. Aggiungete lo zucchero a velo, la scorza di limone e i tuorli, poi impastate rapidamente per ottenere un composto omogeneo.

2) Formate una palla, avvolgetela con cura nella pellicola trasparente e mettetela in frigorifero per circa un'ora.

3) Per preparare la GLASSA, sbattete gli albumi con lo zucchero fino a ottenere una crema densa, quindi aggiungete il succo di limone. Tenete la glassa in frigorifero e usatela su biscotti già freddi per mantenerne intatta la consistenza.

4) Ora infarinate il piano di lavoro e stendete la pasta frolla col matterello, ritagliate con gli stampini i biscotti, quindi poneteli su una teglia imburrata e ricoperta di carta da forno. Chiedete a un adulto di infornare per 30 minuti a 180° C e una volta sfornati lasciate raffreddare. Infine decorate i biscotti con la glassa e lasciatela indurire.

PER RENDERLI DEI PERFETTI BISCOTTI SEGNAPOSTO:

potete scrivere il nome desiderato sul biscotto usando la glassa, oppure legare al biscotto, a cui avrete fatto un foro prima di cuocerlo, un cartoncino con il nome, o ancora imbustare in una carta trasparente il biscotto e confezionarlo con della rafia colorata e un bigliettino.

Lavorammo tutti insieme allegramente, finché i biscotti furono pronti, decorati e impacchettati. Nel frattempo Trappola aveva preparato il suo dolce. – Sono pronto! Pronto prontoo prontooo! Prontissimo!

I giudici dissero: – Meno tre, due, uno: a tutti i CUOCHI, portate il vostro dolce in piazza, tra poco sapremo chi sarà il nuovo Mastro Pasticciere dell'Isola dei Topi!

ALBERELLO NATALIZIO

OCCORRENTE:

- 1 pandoro
- 3 uova
- 500 g di mascarpone
- 150 g di zucchero
- Il succo di mezza arancia
- La buccia grattugiata di un'arancia
- Palline colorate di zucchero
- Zucchero a velo

CON L'AIUTO DI UN ADULTO!

1) Preparate la crema al mascarpone.
Il mascarpone e le uova vanno utilizzati a temperatura ambiente, tirateli fuori dal frigorifero almeno una mezz'ora prima di utilizzarli.
Ora montate le uova con lo zucchero fino a ottenere una crema chiara e spumosa. Aggiungete il mascarpone, amalgamatelo bene, e infine il succo e la scorza grattugiata di un'arancia. Mettete a riposare la crema di mascarpone all'arancia in frigorifero.

2) Preparate il pandoro.
Prendete il pandoro e tagliatelo in senso orizzontale per ottenere circa 7-8 dischi di uguale altezza. Farcite ogni disco ottenuto con la crema di mascarpone.

3) Ricomponete il pandoro posizionando un disco sopra l'altro in maniera sfalsata, come nell'immagine.
Otterrete un bellissimo alberello di pandoro.
Quando sarà pronto cospargetelo di zucchero a velo e di palline di zucchero colorate.

E ANCHE QUEST'ANNO... È NATALE!

Era la vigilia di Natale!

Il sole tramontò e nel cielo brillavano infinite stelle scintillanti e una luna tonda e lucida come una meravigliosa perla.

Tutti i roditori si ritrovarono in piazza, come un'unica grande FAMIGLIA.

C'era un lunghissimo tavolo, illuminato da tante CANDELE, davanti al quale sfilarono tutti i cuochi che partecipavano alla Gara per il Miglior Dolce Natalizio.

Uno dopo l'altro, deposero le loro CREAZIONI sul tavolo, in attesa che i giudici scegliessero la ricetta migliore.

Infine fu il turno di **Trappola**, che emozionato depose il suo dolce, e tutto attorno mise anche i biscotti segnaposto con il nome dei **giudici,** che avevamo preparato insieme noi della famiglia Stilton.
I giudici assaggiarono, **ROSICCHIANDO** un boccone dopo l'altro, e intanto borbottavano:
– Questo **dolce** è buono... senza dubbio... ma anche quello è buono... eh sì, quest'al-

tro invece è eccellente! Sì sì sì, questo dolce è decisamente delizioso! E ha una bella forma ad alberello natalizio! E che belli questi biscotti segnaposto... Ma chi ha avuto tutte queste belle idee? Chi ha fatto questo dolce? **Chi? Chi?? Chi???**

Poi tutti i giudici annunciarono: – Si faccia avanti chi ha preparato l'Alberello Natalizio, è lui il nuovo **Mastro Pasticciere!**

Trappola arrivò di corsa, saltellando felice: – Io ho fatto questo dolce! Io! Io!! Io!!! Vi è piaciuto? Evvivaaaaaa!

I giudici CONCLUSERO: – Annunciamo il vincitore della Gara per il Miglior Dolce Natalizio di quest'anno: il nuovo Mastro Pasticciere è **Trappola Stilton!** E ora ci dica, Trappola: a chi dedica questa vittoria?

LA DEDICO A TE, GERONIMO!

Trappola gridò: – Dedico la mia vittoria e il mio 'Alberello Natalizio' al mio **stratopico** cugino che ha salvato il Natale per me e per tutti noi: Geronimo Stilton!

Mi **abbracciò**: – Grazie, cugino. Senza di te, non ci sarebbe stata alcuna gara e quindi io non avrei potuto partecipare e neanche vincere il titolo di **Mastro Pasticciere**. Dedico il mio dolce a te, e questa coppa d'argento è tua!

Tutti acclamarono: – **Evviva** il nuovo Mastro Pasticciere! **Evviva** Trappola Stilton! **Evviva** Geronimo Stilton!

Poi tutti gridarono: – Di-scor-so! Di-scor-so! Di-scor-so!

Io non amo fare discorsi in pubblico.

Tutti sanno che io sono un tipo, *anzi un topo*, piuttosto timido, ecco!

Però mi venne un'idea.
Alzai la PENTOLA in aria e l'argento scintillò alla luce della candele, come una stella.
– Io, Geronimo Stilton, dedico questo premio alla *pace* tra tutti i cuori, alla *pace* tra tutti i roditori, alla *pace* tra tutti i popoli. Che la pace possa regnare ogni giorno dell'anno, non solo a Natale!

La folla esultò: – Evviva Geronimo Stilton! Evviva il Natale! Evviva la pace!
Trappy e Benjamin si strinsero a me, commossi:
– GRAZIE DI AVER SALVATO IL NATALE, ZIO G. TI VOGLIAMO BENE!

Io mi **GUARDAI** attorno: vicino a me c'era la famiglia Stilton, i miei più cari amici e i miei collaboratori. Mentre tutti chiacchieravano *felici*, scambiandosi auguri, io levai gli occhi alle stelle, e pensai che la vita era meravigliosa sempre, ma in certi momenti era anche più *meravigliosa*... e quello era uno di quei momenti. Sospirai felice:

– E anche quest'anno è Natale!
Pace in tutti i cuori,
pace per tutti i roditori,
pace per noi che siamo amici...
che tutti possano essere felici!

È molto buono!
Ci vuole una tisana!
È buono!
Che serata!
Gnam!
Evviva!
Che bello!
Forse...
Ti prendo!

Là, là, là!
Un bel Natale!
Stratopici!
Evviva!
Bravi!
Urrà!
Che bravi!
Buonissimo!
He he he!

BISCOTTINI DI PAN DI ZENZERO

OCCORRENTE: 360 g di farina - 1 cucchiaio di zenzero in polvere – 1 cucchiaio di cannella - 1/2 cucchiaino di lievito per dolci - scorza di limone grattugiata - 1 pizzico di sale - 50 g di burro - 90 g di miele - 160 g di zucchero di canna - 1 uovo - 2 cucchiai di latte - 150 g di zucchero a velo - 1 albume.

1) Versa in un setaccio la farina con il lievito e spolverizza il contenuto in una ciotola. Unisci le spezie, il sale e la scorza di limone. Mescola e fai un incavo al centro.

2) Metti in un'altra ciotola il burro, il miele e lo zucchero e scioglili al microonde per 1 minuto. Rompi un uovo, sbattilo con la forchetta, poi versa il tutto nell'incavo della farina, insieme al latte.

3) Sbatti il tutto con la forchetta fino a ottenere una pasta morbida. Stendi su un foglio di carta da forno l'impasto e spianalo con il matterello.

4) Adagia il foglio in una teglia da forno e con un tagliabiscotti ritaglia una fila di biscotti per volta: mantienili immersi nell'impasto per non romperli. Poi, con l'aiuto di un adulto, inforna e cuoci a 180°C per 10 minuti.

5) Ora prepara la glassa per i decori. Sbatti l'albume con una forchetta e mettine 2 cucchiai in una ciotola con lo zucchero a velo. Mescola per ottenere un impasto cremoso. (Se vuoi, puoi tingerlo con i coloranti alimentari).

6) Con l'aiuto di un adulto, togli la teglia dal forno e separa gli omini dall'impasto: i biscotti devono essere morbidi e ambrati. Lasciali raffreddare e poi decorali con la glassa, usando una tasca da pasticciere.

DELIZIOSI BROWNIES

OCCORRENTE: 250 g di zucchero - 200 g di cioccolato fondente a pezzi - 200 g di burro - 150 g di farina - 4 uova - 30 g di cacao amaro in polvere - 1 bustina di vanillina.

1) Con l'aiuto di un adulto, accendi il forno a 180°C e ungi con un po' di burro fuso una teglia bassa foderata con carta.

2) Fai sciogliere a bagnomaria il cioccolato fondente con il burro, mescolando di tanto in tanto.

3) Sbatti le uova con lo zucchero e la vanillina, e aggiungile al composto di burro e cioccolato. Infine unisci il cacao in polvere e la farina setacciata

4) Versa il composto nella teglia e lisciane la superficie. Inforna per 40 minuti o fino a quando uno stuzzicadenti inserito al centro risulterà asciutto.

5) Dopo aver tolto il brownie dal forno lascialo raffreddare per almeno 45 minuti, se vuoi aggiungi zucchero a velo e poi taglialo a cubetti.

I BROWNIES SONO DOLCETTI TIPICI AMERICANI. NEL PERIODO NATALIZIO, I BOY SCOUT SONO SOLITI ANDARE DI CASA IN CASA A VENDERE BROWNIES PREPARATI DA LORO.

CENTROTAVOLA GOLOSO

OCCORRENTE: un cestino di vimini - spugna per fiorai - mele - arance - limoni - stecchini di legno lunghi - rametti di abete - rametti di agrifoglio.

1) Riempi bene il cestino con la spugna per fiorai.

2) Fissa nella spugna i rametti di abete rivolti verso l'esterno, come nell'immagine a lato.

3) Prendi gli stecchini di legno e infilane uno alla base di ogni frutto. **4)** Poi prepara i rametti di agrifoglio in modo che abbiano tutti la stessa altezza.

5) Infilza nella spugna gli stecchini con la frutta e i rametti di agrifoglio. Il centrotavola è così pronto!

BISCOTTINI DI NATALE

OCCORRENTE: 275 g di farina bianca - 75 g di burro - 100 g di zucchero - 1 uovo - 1 cucchiaino di lievito - 3 cucchiai di latte - sacchetti trasparenti per alimenti - nastri colorati.

1) In una ciotola mescola la farina, il lievito e lo zucchero. Aggiungi il burro a pezzetti e impasta bene con le mani.

2) In un'altra ciotola sbatti un uovo con la forchetta e aggiungi il latte. Versa poi l'uovo sbattuto nella prima ciotola, impasta bene e lascia riposare per 1 ora.

3) Stendi l'impasto sul tavolo, quindi con una formina per biscotti a forma di stella, ritaglia i biscotti nella pasta. Con l'aiuto di un adulto, cuoci nel forno a 230°C, per 20 minuti circa.

4) Lascia raffreddare i biscotti, poi prepara i sacchettini e legali con un nastro colorato.

BUON NATALE, KAREN!

BENJAMIN E PANDORA SONO STATI INVITATI ALLA FESTA DI NATALE DI KAREN, LA FIGLIA DEI VICINI DI CASA DI PETER MOUSE: LI ASPETTA UNO STRATOPICO POMERIGGIO DI GIOCHI E RISATE!

BENJAMIN

PANDORA

Buon Natale, Karen!
Happy Christmas, Karen!
(Hàppi Crìstmas, Karen!)

KAREN

Grazie! Sono proprio contenta che siate venuti alla mia festa!
Thank you! I'm really happy you've come to my party!
(Thènkiu! Ài'm rìli hàppi iù'v kam tu mài pàrti!)

BENJAMIN

Questo è un regalino per te da parte nostra.
This is a little present for you from all of us.
(Dhis is e lìtl prèsent for iù from ol ov as.)

KAREN

Che bello! Grazie! Venite, vi presento i miei amici: loro sono Tim, Pam e Kelly, i miei compagni di scuola. E lui è Bob, mio fratello.
How lovely! Thank you! Come on, I'll introduce you to my friends: this is Tim, this is Pam and this is Kelly, my school mates. And he's Bob, my brother. *(Hàu làvli! Thènkiu! Kam on, ài'll introdiùsiu tu mài frends: dhis is Tim, dhis is Pam end dhis is Kelly, mài skùul mèits.*
End hi's Bob, mài bràdhar.)

Ciao a tutti, io sono Pandora.
Hello everybody, I'm Pandora.
(Halòu èvribodi, ài'm Pandora.)

E io sono Benjamin. Veniamo da Topazia!
And I'm Benjamin. We come from Topazia!
(End ài'm Benjamin. Uìkam from Topazia!)

Ora andiamo in giardino: ho organizzato una caccia al tesoro.
Let's go into the garden now: I've organized a treasure hunt. *(Let's gòu ìntu dhe gàrdn nàu: ài'v organàisd e trèjar hant.)*

Che bello! Adoro la caccia al tesoro!
Great! I love treasure hunts!
(Grèit! Ài lav trèjar hants!)

VUOI VENIRE ALLA MIA FESTA?

Sto organizzando una festa a casa mia. Vuoi venire?
I'm organizing a party at my place. Would you like to come?
(Ài'm organàisin e pàrti at mài plèis. Ud iù làik tu kam?)

Grazie, verrò sicuramente.
Thank you. I'll definitely come. *(Thènkiu. Ài'll dèfnitli kam.)*

Vorrei invitarti alla mia festa.
I'd like to invite you to my party.
(Ài'd làik tu invàitiu tu mài pàrti.)

Grazie, mi piacerebbe molto venire ma devo chiedere ai miei genitori.
Thanks, I'd love to come but I have to ask my parents first. *(Thenks, ài'd lav tu kam bat ài hev tu ask mài pèrents ferst.)*

Ti ringrazio molto ma non posso venire.
Thank you very much but I'm afraid I can't come.
(Thènkiu vèri mac bat ài'm efrèid ài kàan't kam.)

A che ora inizia?
What time does it start? *(Uòt tàim das it stat?)*

La festa inizia alle 16.00.
The party starts at 4.00 p.m.
(Dhe pàrti stats at fòur pi-em.)

Vieni quando vuoi.
Come when you like. *(Kam uèn iù làik.)*

Posso venire con un'amica?
Can I bring a girlfriend? *(Ken ài brin e ghèrlfrend?)*

Certo! Porta pure altri amici!
Of course! Bring other friends too!
(Ov kòurs! Brin àdhar frends tùu!)

La festa sarà a casa mia, in giardino.
The party will be at my place, in the garden.
(Dhe pàrti uìl bi at mài plèis, in dhe gàrdn.)

Mi dai il tuo indirizzo, per favore?
Could you give me your address, please?
(Kud iù ghìvmi iòur adrèss, plìis?)

ACCOGLIERE GLI INVITATI

Benvenuti! Entrate!
Welcome! Come in! *(Uèlkam! Kam in!)*

Vieni, ti presento i miei amici.
Come in, I'll introduce you to my friends.
(Kam in, ài'll introdiùsiu tu mài frends.)

Lascia pure la giacca in camera mia.
You can leave your coat in my bedroom.
(Iù ken liìv iòur kòut in mài bèdruum.)

Volete qualcosa da bere o da mangiare?
Would you like anything to drink or eat?
(Ud iù làik ènithin tu drink or iìt?)

Le bibite sono sul tavolo e il cibo è laggiù.
The drinks are on that table and the food is over there.
(Dhe drinks ar on dhet tèibl end dhe fùud is òuvar dher.)

Servitevi pure da soli!
Help yourselves! *(Help ioursèlvs!)*

ORGANIZZARE UNA FESTA

Bicchiere di plastica	Plastic cup	*(Plàstik kàp)*
Candela	Candle	*(Kàndol)*
Cappellino	Funny hat	*(Fàni hàt)*
Festa	Party	*(Pàrti)*
Invitato	Guest	*(Ghèst)*
Invito	Invitation	*(Invitèiscion)*
Musica	Music	*(Miùsik)*
Palloncino	Balloon	*(Balùun)*
Piatto di carta	Plastic plate	*(Plàstik plèit)*
Tovagliolino	Napkin	*(Nàpkin)*

1 PUNTINI NELLO STAGNO

Unisci tutti i puntini dal numero 1 al numero 36. Che cosa apparirà?

2 LE SAGOME

Aiuta Patty Spring ad abbinare ogni sagoma (numeri) alla propria foglia (lettere).

3 STRIKE... O QUASI!

Trappola ha fatto 16 punti colpendo due birilli: quali?

4 BANANE E OMBRE!

Mancano 5 particolari all'ombra di Ficcanaso Squitt e del mucchio di banane. Sapresti dire quali sono?

5
W IL PICNIC!
Osserva la lista e scopri che cosa hanno dimenticato di portare al picnic.

6
delizie culinarie
Raviolino Turtlèn sta sperimentando una nuova ricetta. Leggi gli ingredienti e, guardando il disegno, scopri che cosa gli manca per completare l'opera!

Ingredienti:
1 carota
formaggio
olio
1 pomodoro
1 bicchiere d'acqua

7

INTRUSIONE IN TAVOLA
Scopri qual è l'intruso e spiega perché.

8

GNAM... CHE LABIRINTO!
Aiuta Tea a raggiungere il formaggio e, leggendo di seguito le lettere che incontri, scopri come si chiama!

9 UN ATLETA... GOLOSO!

Uno di questi atleti, con la scusa di rifocillarsi in corsa, si è mangiato una delle banane di Ficcanaso Squitt. Osservali bene e scopri chi è stato!

10

Osserva l'immagine e scopri quale indumento non indossa Geronimo.

11

RITRATTO... COI BUCHI!

Metti ogni tassello al posto giusto.

12

Romanticherie

Geronimo ha deciso di spedire dei fiori a Patty Spring. Vorrebbe sceglierne due uguali: riesci a vederli?

13

A tutta dritta!

Scopri qual è la sequenza giusta con cui puoi disegnare questa barchetta, senza staccare la matita dal foglio e senza ripassare su una stessa linea.

14

formaggio a cubetti

Solo due dei tre solidi s'incastrano perfettamente formando un cubo. Quali?

15

REBUS DELLO STAGNO

Frase: 6, 1, 6.

16 UNA SAVANA DI PUNTINI

Unisci i puntini dal numero 1 al numero 35 e... scappa!

17 TIRO ALLA SCAMORZA

Con solo due tiri Benjamin deve totalizzare 36 punti.
Quali scamorze dovrà colpire?

18 SOVRAPPOSIZIONI COI BAFFI

Quanti e quali oggetti vedi?

19 COLORA GLI ORSETTI

Sì, ma... quanti colorarne in ogni riquadro? Guarda il numero segnato dal dado!

20

POFFARTOPO, QUALI SONO I DOPPIONI?

Aiuta Geronimo a trovare le due chiavi uguali.

21

ATTERRAGGIO TURBOLENTO

Geronimo è arrivato all'aeroporto di Topazia... con una rovinosa caduta! Riordina la sequenza delle vignette.

22

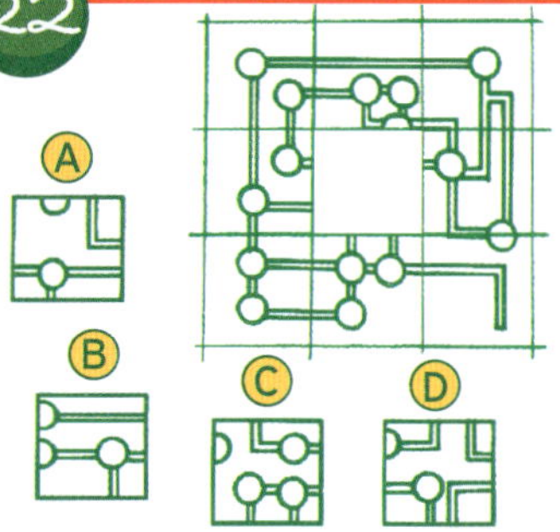

RIPARIAMO IL CIRCUITO

Pinky Pick deve aggiustare una scheda del suo computer. Quale dei tasselli s'incastra perfettamente al centro del microchip?

23

Che ore sono?

Quale tra queste sveglie è andata il tilt?

24

DIFFERENZE REDAZIONALI

Tra queste due vignette ci sono 8 differenze. Trovale!

25

Palloncini in volo

Quali di questi palloncini sono uguali?

26

UN BUCO NELLA MAGLIA

Quali tra i tasselli qui sopra è quello mancante?

27 SEQUENZALBERO

Ordina nella giusta sequenza
i riquadri qui sotto:
vedrai l'albero crescere!

28

CHE STRANA BICI!

Pinky Pick ha visto
in un negozio una
bicicletta con 3 strani
dettagli: quali?

29 Compleanno in casa Stilton

Sistema correttamente ogni tassello
al suo posto.

30 DOVE ROTOLA IL FORMAGGIO?

Trova la strada che
farà finire il formaggio
nel cestino della spesa.

L'ULTIMA PAROLA!

Un tipo babbeo racconta a un amico:
– Quando litigo con mia moglie, ho sempre io l'ultima parola.
– E che cosa le dici?
– *Scusami, cara...*

IL PUZZLE

Una pantegana babbea si vanta con un amico:
– Guarda qua... mica male, eh?
– Bello, un bel puzzle, complimenti!
– Sì, è bello, ma sai quanto ci ho messo a farlo?
– Quanto?
– Due mesi! Pensa che l'ho finito in soli due mesi!
– Due mesi??? Senza offesa, ma... mi sembra abbastanza facile, avrà al massimo cinquanta pezzi...
– Sì, ma guarda che cosa c'è scritto sulla scatola: *da due a sei anni*!

HAHAHAHAHAHAHAHA

AMORE BABBEO

Un corteggiatore (babbeo) fa una serenata (babbea) sotto le finestre della sua bella (babbea). Suona il mandolino e canta una canzone (babbea):

– Alla mattina non mangio, perché penso a te... *ploing ploing ploing!*
A mezzogiorno non mangio, perché penso a te... *ploing ploing ploing!*
Alla sera non mangio, perché penso a te... *ploing ploing ploing!*
Di notte invece non dormo... *perché ho una fame da lupi!*

HAHAHAHAHAHAHAHA

HAHAHAHAHAHAHAHAHA

QUATTRO O OTTO?

Una pantegana babbea va a comprare una pizza da portare via.
Il pizzaiolo chiede: – Vuole che gliela tagli in quattro o in otto?
La pantegana riflette: – In quattro pezzi, grazie. *Temo che non riuscirei a mangiarne otto!*

HAHAHAHAHAHAHAHAHA

MEZZELUNE PROFUMATE

OCCORRENTE: 3 arance, cordino rosso o verde.

1

Prendi le arance e chiedi a un adulto di tagliarle a fettine, poi a metà in modo da ottenere degli spicchi a forma di mezzaluna. Lascia seccare le fettine sul termosifone per 5 giorni.

2

Quando saranno ben asciutte, chiedi a un adulto di fare un foro in cima a ogni fettina.

3

Prendi un pezzettino di nastro e fallo passare nel foro, quindi legalo in modo da ottenere un anello.

4

Appendi queste decorazioni al tuo albero di Natale, profumeranno tutta la stanza con un delicato aroma di agrumi.

DECORAZIONI COLORATE

OCCORRENTE: palle di polistirolo, semi di vari colori (lenticchie verdi, fagioli rossi, chicchi di mais), colla liquida, vernice trasparente, nastro rosso, pennelli, stecchini di legno lunghi.

1

Infilza la palla su uno stecchino di legno, stendi con il pennello la colla sulla palla di polistirolo, poi incolla sopra i semi dello stesso colore, mettendoli ben vicini. Lascia asciugare bene.

2

Vernicia la palla con la vernice trasparente. Lascia asciugare bene.

3

Togli lo stecchino e avvolgi il nastro intorno alla palla, come per chiudere un pacchetto, lasciando circa 10 cm di nastro per appendere la palla all'albero.

4

Prepara nello stesso modo le palle con gli altri semi e appendile.

STELLE LUCCICANTI

OCCORRENTE: cartoncino giallo, carta adesiva trasparente, polverina argentata, stampino rotondo, stampino a forma di stella, matita, forbici con la punta arrotondata, nastro rosso.

Prendi lo stampino rotondo e, con la matita, traccia il contorno sul cartoncino giallo, poi ritaglialo.

Usando l'altro stampino, disegna una stella al centro del cartoncino giallo.

Con le forbici con la punta arrotondata, ritaglia la sagoma della stella, lasciandola vuota all'interno.

Applica la carta adesiva sul retro del cartoncino e ritaglia tutto intorno. Cospargi sulla parte adesiva rimasta scoperta (grazie al ritaglio a forma di stella) la polverina argentata.

Chiedi a un adulto di fare un foro in cima al cartoncino, poi appendi le stelle all'albero di Natale usando il nastro rosso.

PORTATOVAGLIOLI NATALIZI

OCCORRENTE: un rotolo di cartone (puoi riciclare quello della carta assorbente da cucina), una striscia di panno rosso, una striscia di panno verde, forbici con lama a zigzag, forbici con la punta arrotondata, colla.

1

Prendi il tubo di cartone e ritaglia, con le forbici con la punta arrotondata, degli anelli alti 5 cm ciascuno.

2

Con le forbici con la lama a zigzag, ritaglia dal panno rosso delle strisce alte 7 cm e incollale sugli anelli di cartone.

3

Sempre con le forbici con la lama a zigzag, ritaglia dal panno verde delle strisce alte 2,5 cm e incollale a metà degli anelli ricoperti con il feltro rosso.

4

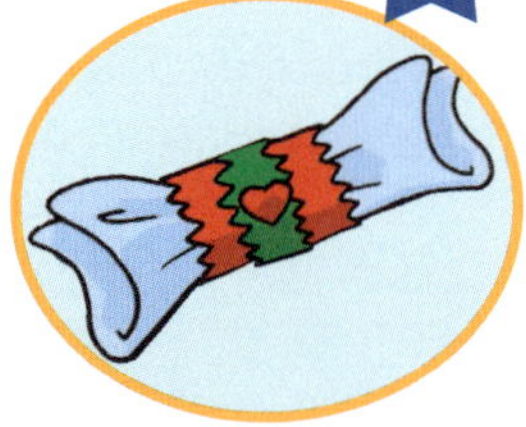

Con le forbici con la punta arrotondata, ritaglia dal panno rosso dei cuori, poi incollali al centro delle strisce verdi.

ALBERO SEGNAPOSTO

OCCORRENTE: cartoncino verde, pennarelli color oro o argento, matita, forbici con la punta arrotondata.

1

Disegna sul cartoncino verde un alberello di Natale stilizzato, copiando quello qui a fianco. Poi, con le forbici con la punta arrotondata ritaglia il contorno dell'albero.

2

Con il pennarello colorato scrivi il nome della persona e un piccolo pensiero, per esempio: 'ti voglio tanto bene!', oppure 'sei più tenero della mozzarella!'.

3

Piega a metà il tronco dell'alberello, in modo da ottenere un piedistallo che permetta al segnaposto di rimanere bene in piedi.

IL MIO LIBRO DI NATALE

Crea un libro speciale, dove ogni anno scriverai come, dove e con chi hai passato il giorno di Natale!

OCCORRENTE: *un quaderno grande, cartoncino rosso, pennarelli colorati, colla, forbici con la punta arrotondata.*

Prendi il cartoncino rosso e appoggiaci sopra il quaderno, aperto con la copertina in sotto. Segna, con una matita, il contorno del quaderno e ritaglia il cartoncino. Incollalo poi sulla copertina in modo da foderare tutto il quaderno con il cartoncino rosso.

Scrivi sulla copertina, con un pennarello, il titolo 'Il mio Libro di Natale'. Decorala con fantasia, disegnando o incollando figure natalizie.

Compila ora il libro raccontando emozioni, episodi divertenti, il menù natalizio. Poi incolla foto, disegni, biglietti di auguri e tutto ciò che ti ricorda il Natale passato!

PIGNE SCINTILLANTI

OCCORRENTE: *pigne, tempere color oro o argento, polverina dorata, spago, pennello.*

1

Raccogli delle pigne cadute dai pini e spolverale con un pennello morbido.

2

Dipingile quindi con le tempere color oro o argento.

3

Quando ancora la tempera è fresca, fai cadere un po' di polverina dorata a pioggia, in modo da rendere luccicanti le pigne.

Prendi un pezzetto di spago e lega un capo del filo intorno alla base della pigna.

4

Appendi la decorazione al ramo del tuo albero di Natale.

SCATOLA NATALIZIA...

OCCORRENTE: una scatola di cartone, tempere colorate, pennelli, spugna, carta lucida da ricalco, matita, cartoncino, forbici con la punta arrotondata, vernice trasparente.

1

Copia sulla carta lucida il disegno della renna (a fianco) e il disegno dell'albero di Natale (pagina precedente), poi ricalcali sul cartoncino.

2

Con le forbici, ritaglia il contorno del disegno, butta via la parte centrale e tieni la parte esterna, in modo da creare una sagoma vuota.

3

Appoggia la sagoma vuota della renna sul coperchio della scatola e con la spugna imbevuta di tempera rossa colora l'interno della sagoma.

4

Appoggia la sagoma dell'albero su un lato della scatola, poi colora l'interno con la spugna imbevuta di tempera verde. Fai lo stesso sugli altri lati della scatola e lascia asciugare bene.

5 Con il pennello e la tempera bianca, fai tanti puntini attorno alla renna e agli alberelli per imitare la neve.

6 Quando i colori sono ben asciutti, stendi su tutta la scatola uno strato di vernice trasparente e lascia asciugare.

... CON SORPRESA!

OCCORRENTE: *un foglio di carta pergamena, un pennarello color oro, un nastro rosso.*

1 Con il pennarello, scrivi sul foglio di pergamena una lettera alla persona cui vuoi fare il regalo. Ecco che cosa ha scritto Geronimo a suo cugino Trappola:
'Caro Trappola, è con tutto il cuore che ti auguro un Natale felice, pieno d'amore e di pace, insieme alla tua famiglia!'

2 Arrotola la pergamena, chiudila con il nastro rosso e mettila nella scatola che hai decorato!

HAHAHAHAHAHAHAHA

RIPASSA, PIERINO, RIPASSA!

Pierino torna a casa prima della fine della scuola.
– Come mai a casa così presto? – gli chiede la mamma.
– Ah, la maestra è stata così gentile… mi ha detto di ritornare a scuola domani.
La mamma: – Uhm, davvero?
Pierino: – Ma certo! Durante l'intervallo mi ha dato un libro di storia e mi ha raccomandato *'Ripassa, Pierino, ripassa!'*.

HAHAHAHAHAHAHAHA

DIALOGO ASSURDO!

Un pescatore sta pescando in mezzo al mare.
A un certo punto esclama: – Che sole… mai sentito un sole così caldo!
Un gabbiano che passa di lì borbotta:
– Già, che caldo!
Un delfino mormora: – Non ho mai sentito un gabbiano parlare…
La canna da pesca strilla: – Neanch'io! *Incredibile*!

PETTINATURE

Un istrice va dal parrucchiere.
– Come la pettino oggi, signore? – chiede il parrucchiere dopo averlo fatto accomodare.
L'istrice: – Per cortesia, oggi mi pettini... *riccio*!

UNA GIORNATA SULLE PISTE DA SCI

CHE BELLA LA NEVE! SOPRATTUTTO SE SI È IN VACANZA IN MONTAGNA A SCIARE, COME PETER MOUSE E I SUOI AMICI. MA CE LA FARÀ GERONIMO A... STARE IN PIEDI SUGLI SCI?

PETER MOUSE

Eccoci arrivati sulle piste!
Here we are on the slopes!
(Hìar uì ar on dhe slòups!)

PANDORA

Che bello! Io voglio subito provare la mia nuova tavola da snowboard!
Great! I want to try out my new snowboard straight away!
(Grèit! Ài uònt tu trài àut mài niù snòubourd strèit euèi!)

TEA

Sì, ma prima dobbiamo informarci su quanto costa lo ski pass giornaliero. Andiamo laggiù a chiedere!
Yes, but first we have to ask how much a daily ski pass costs. Let's go over there to ask! *(Iès, bat ferst uì hev tu ask hàu mac e dèili ski pass kosts. Let's gòu òuvar dher tu ask!)*

IENA

Io inizierò da una pista nera, la più difficile. Geronimo, vieni anche tu?
I will start with a black run, the most difficult one. Geronimo, are you coming too?
(Ài uìl stat uìdh e blak ran, dhe mòust dìfikolt uàn. Geronimo, ar iù kàmin tùu?)

Ehm... veramente vorrei cominciare con qualcosa di più semplice: sai, è da un po' che non scio!
Ehm... actually I would like to start with an easier run. You know, I haven't been skiing for a while!
(Ehm... àkciuali ài ud làik tu stat uìdh en ìsiar ran. Iù nòu, ài hevn't bïin skïin for e uàil!)

Sei sempre il solito, cugino! Forza, ecco gli sci, gli scarponi e le racchette!
You'll never change, cousin! Come on, here are the skis, the ski boots and the ski sticks! *(Iù'll nèver cèing, kàsn! Kam on, hìar ar dhe skis, dhe ski bùuts end dhe ski stiks!)*

Ecco fatto, sono pronto, ma... Oooh, cadooo!
Here I am, I'm ready, but... Oooh, I'm faaalling!
(Hìar ài em, ài'm rèdi, bat... Òooh, ài'm fòoolin!)

E meno male che eri fermo, G!
It's a good job you weren't moving, G!
(It's e gud giòb iù uòrn't mùvin, G!)

IN... DISCESA LIBERA!

Mi scusi, gli impianti sciistici sono aperti?

Excuse me, are the slopes open? *(Ekskiùsmi, ar dhe slòups òupen?)*

Quanto costa lo ski pass?

How much is a ski pass? *(Hàu mac is e ski pass?)*

Quanto costa una lezione di sci?

How much is a skiing lesson? *(Hàu mac is e skiïn lèsson?)*

Quanto dura una lezione di sci?

How long is a skiing lesson? *(Hàu longh is e skiïn lèsson?)*

Com'è la neve sulle piste?

What's the snow like on the slopes?
(Uòt's dhe snòu làik on dhe slòups?)

Dove sono le piste per principianti?

Where are the beginners' slopes?
(Uèr ar dhe bighìnars sloùps?)

Si può fare lo sci di fondo?

Is it possible to go cross country skiing?
(Is it pòssibol tu gòu kross kàntri skiïn?)

Si può praticare lo snowboard su questa pista?

Is it possible to snowboard on this slope?
(Is it pòssibol tu snòubourd on dhis slòup?)

Dove posso noleggiare l'attrezzatura?

Where can I rent the equipment? *(Uèr ken ài rent dhi equìpment?)*

MEZZI E IMPIANTI

Funivia	Cable car	*(Kèibol kàr)*
Gatto delle nevi	Snow cat	*(Snòu kàt)*
Impianto di risalita	Lifts	*(Lìfts)*
Motoslitta	Motorsleigh	*(Mòutorslei)*
Pista	Ski slope/Run	*(Skì slòup/Ràn)*
Seggiovia	Chairlift	*(Cèarlift)*
Ski lift/Sciovia	Ski drag	*(Skì dràgh)*

NEVE E... SPORT

Bob	Bobsleigh	*(Bòbslei)*
Discesa/Sci alpino	Downhill skiing	*(Daunhìl skìin)*
Fuori pista	Off-piste	*(Òf-pìst)*
Ghiaccio	Ice	*(Àis)*
Hockey su ghiaccio	Ice hockey	*(Àis hòkei)*
Istruttore	Instructor	*(Instràktar)*
Località sciistica	Winter resort	*(Uìntar risòrt)*
Neve	Snow	*(Snòu)*
Nevicata	Snowfall	*(Snòufol)*
Pattinaggio su ghiaccio	Ice skating	*(Àis skèitin)*
Pupazzo di neve	Snowman	*(Snòuman)*
Sci di fondo	Cross country skiing	*(Kròss kàntri skìin)*
Sciatore	Skier	*(Skìar)*
Slitta	Sleigh	*(Slèi)*
Snowboard	Snowboarding	*(Snòubourdin)*

PAROLE A CONFRONTO

Come si dice slitta?

Vi piace scivolare sulla neve candida a bordo di una slitta? Beh, nel Regno Unito il divertimento è assicurato se chiederete di noleggiare una sleigh. Se, invece, preferite le cime innevate degli Stati Uniti d'America, dovrete saltare su una sledge.

EQUIPAGGIAMENTO DA SCI

Attacco	Ski binding	*(Skì bàindin)*
Berretto	Cap	*(Kàp)*
Calzamaglia	Ski tights	*(Skì tàits)*
Caschetto	Ski helmet	*(Skì hèlmet)*
Doposci	Après-ski wear	*(Aprè-skì uèer)*
Guanti	Gloves	*(Glàvs)*
Occhiali protettivi	Ski goggles	*(Skì gògols)*
Paraorecchi	Earmuffs	*(Ìarmafs)*
Passamontagna	Ski mask	*(Skì mask)*
Racchetta da neve	Ski pole/stick	*(Skì pòul/stìk)*
Scarpone da sci	Ski boot	*(Skì bùut)*
Sci	Ski	*(Skì)*
Sciolina	Ski wax	*(Skì uàks)*
Tuta da sci	Ski suit	*(Skì sùut)*

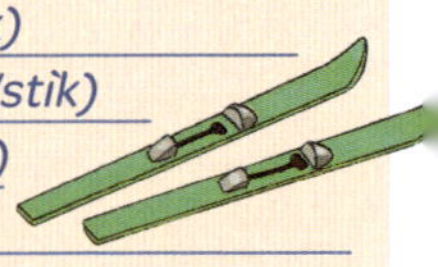

TUTTE LE PAROLE DELLO... SNOWBOARD!

Board *(Bòurd)*	Tavola da freestyle (stile acrobatico per andare sullo snowboard, che prevede salti ed evoluzioni in aria)
Dropping *(Dròppin)*	Parola utilizzata da chi va in snowboard per avvertire della propria presenza in pista
Fall Line *(Fòl làin)*	È la traiettoria più veloce per fare una discesa, di solito in linea retta
Glade *(Glèid)*	Pista con molti alberi
Nose *(Nòus)*	Punta della tavola
Rider *(Ràidar)*	Chi fa snowboard
Tail *(Tèil)*	Coda della tavola
To get air *(Tu ghèt èer)*	Saltare
To ride *(Tu ràid)*	Fare snowboard
Top sheet *(Tòp sciït)*	Parte superiore della tavola
Waist *(Uèist)*	Parte più stretta della tavola
Wedge *(Uèg)*	Manovra di frenata

PATTINARE SUL GHIACCIO

Quanto costa noleggiare un paio di pattini da ghiaccio?
How much does it cost to rent a pair of ice-skates?
(Hàu mac das it kost tu rent e pèir ov àis-skèits?)

Avete pattini di un numero più grande/più piccolo?
Have you got smaller/bigger skates?
(Hev iù got smòlar/bìgar skèits?)

Quanto costa l'ingresso in pista?
How much is the entrance ticket?
(Hàu mac is dhi èntrans tìket?)

A che ora chiude la pista?
What time does the ice rink close?
(Uòt tàim das dhi àis rink klòus?)

PATTINAGGIO ARTISTICO

Avvitamento	Spin	*(Spìn)*
Coreografia	Choreography	*(Koreògrafi)*
Costume	Costume	*(Kòstium)*
Danza	Dance	*(Dàns)*
Figura	Figure	*(Fìgar)*
Gara	Competition	*(Kompetìscion)*
Pattinaggio a coppie	Pair skating	*(Pèir skèitin)*
Pattinaggio individuale	Single skating	*(Sìngol skèitin)*
Pattinatore	Skater	*(Skèitar)*
Pattino	Skate	*(Skèit)*
Salto	Jump	*(Giàmp)*
Trottola	Whirl	*(Uèrl)*

VERBI UTILI

Cadere
To fall *(Tu fòl)*

Curvare
To turn *(Tu tèrn)*

Frenare
To brake *(Tu brèik)*

Gareggiare
To take part in a competition
(Tu tèik pàrt in e kompetìscion)

Pattinare
To skate *(Tu skèit)*

Scendere da una pista
To go down a slope
(Tu gòu dàun e slòup)

Sciare
To ski *(Tu skì)*

CURIOSITÀ

Il curling

Conoscete il curling?
È uno sport che si svolge su una pista di ghiaccio fra due squadre di quattro giocatori ciascuna.
Consiste nel piazzare otto pietre di granito, munite di una maniglia, il più vicino possibile al bersaglio, tracciato all'estremità della pista.

HOCKEY SU GHIACCIO E CURLING

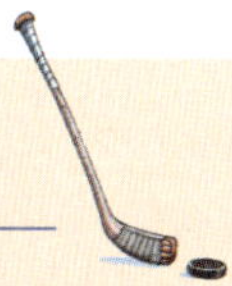

Bersaglio	House	*(Hàus)*
Caschetto	Helmet	*(Hèlmet)*
Disco da hockey	Hockey puck	*(Hòkei pàk)*
Giocatore di curling	Curler	*(Kèrlar)*
Giocatore di hockey	Hockey player	*(Hòkei plèiar)*
Mazza da hockey	Hockey stick	*(Hòkei stìk)*
Parastinchi	Pad	*(Pàd)*
Pattino da hockey	Hockey skate	*(Hòkei skèit)*
Pietra da curling	Curling stone	*(Kèrlin stòun)*
Rete	Goal net	*(Gòul nèt)*
Spazzola/ Scopa per curling	Curling brush	*(Kèrlin bràsc)*
Visiera	Visor	*(Vàisar)*

IL PARERE DELLA MUCCA

Un turista sta passeggiando in campagna. In un prato incontra una mucca che sta ruminando.
Il turista guarda il cielo e mormora tra sé:
– Chissà se va a piovere…
La mucca solleva la testa, lo fissa ed esclama:
– Piove di sicuro!
Il turista impallidisce, sta per svenire, poi si riprende, corre via e va a bussare alla porta della cascina lì vicino.
Gli apre un contadino.
– Scusi, è sua quella mucca nel prato?
– Sì, perché?
– Perché ha *parlato*! Ha detto che pioverà di sicuro!
Il contadino scuote la testa. – Ah, non ci faccia caso… *non ci azzecca mai*!

HAHAHAHAHAHAHAHA

SERVIZI SEGRETI

Un tipo col cane incontra un amico e chiede:
– Ti piace il mio cane poliziotto?
L'amico, stupito: – Cane poliziotto?
Veramente a me pare un barboncino…
Il tipo gli strizza l'occhio: – Ah, *ma lavora nei servizi segreti…*

CONTARE

Come contano i vitellini?
Uno, *bue*, tre…

HAHAHAHAHAHAHAHA

31 STRANI BUCHI NEL FORMAGGIO

Spostando un buco otterrai una lettera. Quale?

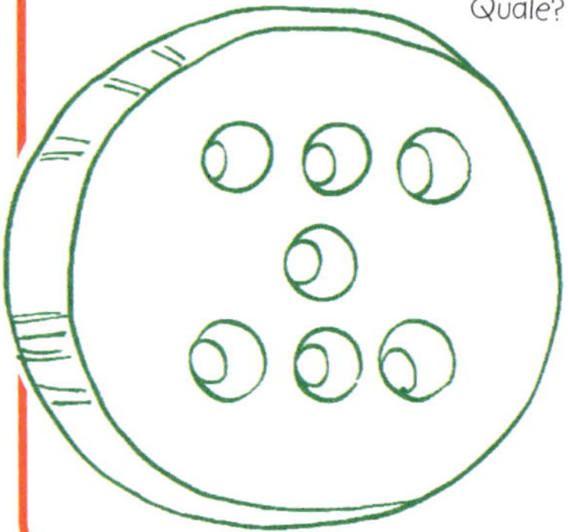

32 FORMAGGIO, CHE PASSIONE!

Quale tipo di formaggio compare più volte?

33 POFFARTOPO... CHE AGENDA!

L'ombra di questa agenda ha 3 particolari sbagliati. Sai trovarli?

34 CACCIA ALL'INTRUSO

Scopri qual è l'intruso e spiega perché.

35

DIFFERENZE ARISTOCRATICHE

Tra la prima e la seconda vignetta ci sono 10 differenze. Trovale!

36

SVOLAZZANDO QUA E LÀ

Annerisci gli spazi col puntino e... scopri chi vola sul prato!

37

CHE BONTÀ!

Questi gelati sembrano tutti uguali... ma ce n'è uno diverso dagli altri! Quale?

38 PIANTE RAMPICANTI

Divertiti a trovare le 4 differenze tra queste due piante!

39 PUNTINI AL POLO

Unisci i puntini dal numero 1 al numero 26 e scoprirai quale animale vive tra i ghiacci.

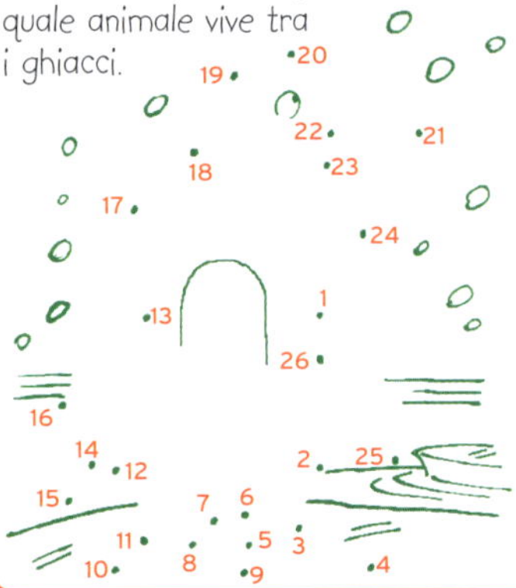

40 IL REGALO MISTERIOSO

Tra tutti questi regali ce n'è uno speciale. Indovina chi lo tiene, sapendo che non porta gli occhiali e ha capelli corti castani con un ciuffo ribelle.

41

Meritato relax

Quale tra questi tasselli è quello giusto per completare il disegno?

42

PERALABIRINTO

Qual è la strada per uscire da questo labirinto?

43

PUNTINI... PIUMATI

Colora le zone con il puntino e scoprirai... un disegno divertente!

44

Tutti in campo

Ci sono più palloni da calcio o da basket?

45 TUTTI AL SUPERMARKET

Quali tra questi tasselli è quello mancante?

46 UN REGALO PER TEA

Guarda come è contenta Tea! Segui il percorso e, leggendo in successione le lettere, scoprirai che cos'è il regalo.

47 REBUS IN CITTÀ!

Frase: 5, 2, 7.

48 PUPAZZI DI... MOZZARELLA

Divertiti a trovare il pupazzo che ha:
la foglia d'insalata in testa,
due bottoni, il naso a carota
e il sedano un po' rotto in mano.

49

FESTA IN MASCHERA

Poffartopo, che festa! Tutti si sono mascherati in modo originalissimo! Solo due hanno scelto lo stesso travestimento: aguzza la vista e scoprili!

50 Libro illustrato

Scopri i 4 disegni che ricorrono più volte sulle pagine del libro!

51 ERRORI DI FRUTTA

Osserva le due immagini e cerca i 4 particolari diversi.

52 SPRINT FINALE

Scopri il giusto ordine di arrivo sapendo che la numero 4 è arrivata prima della 2, ma dopo la 3, e che la numero 1 è arrivata per prima al traguardo.

53 OCCHIO AL FILO

Cerca il piatto collegato alla formaggera.

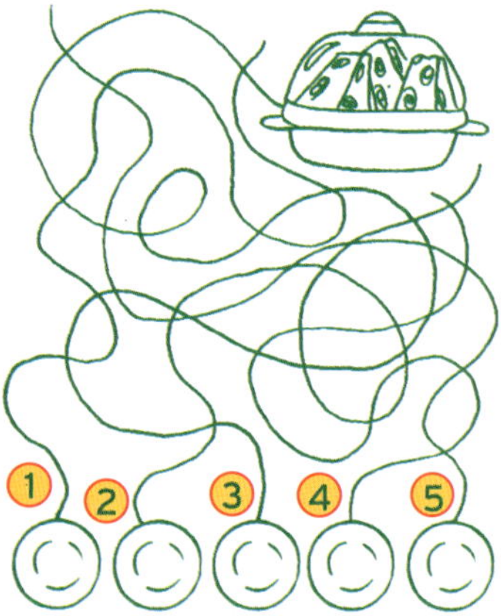

54

DIFFERENZE IN BIBLIOTECA

Tra queste due vignette ci sono 5 differenze. Trovale!

55

LETTERE DI BASTONCINI

Trova il criterio esatto e inserisci nelle caselle vuote a sinistra le lettere che trovi qui sopra.

56

Dieta... equilibrata!

Osserva l'immagine e scopri se ci sono più spuntini o più bevande!

57 CHE BEL MESTIERE!

Abbina ogni oggetto al proprietario.

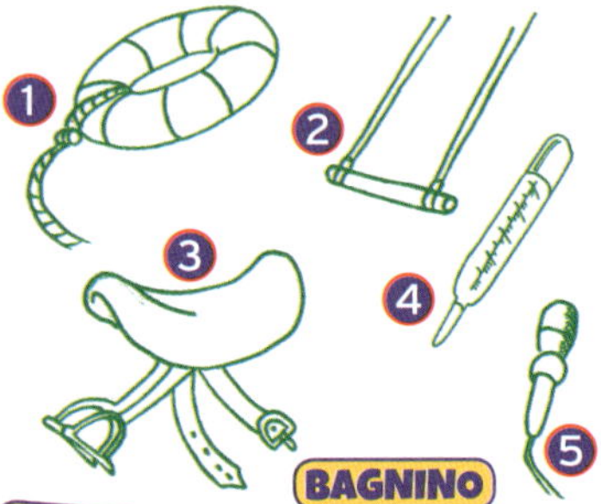

BAGNINO

ACROBATA

DOTTORE

CAVALLERIZZA

PRESENTATORE

58 AVVISTAMENTO SUL LAGO

Colora l'immagine seguendo le indicazioni e comparirà una simpatica scenetta!

1 = AZZURRO
2 = ARANCIONE
3 = BLU
4 = ROSSO

59 VASO ANTICO

Confronta la sagoma in alto e scopri il vaso autentico.

60 LA GRANDE ABBUFFATA

Geronimo e Ficcanaso Squitt hanno cenato al famoso ristorante 'Au Fromage d'Or'. Ma che cosa hanno mangiato? Leggi il menu e metti in ordine le portate dall'antipasto al dessert.

MENU

A Polpettine al groviera fuso

B Coppa gelato allo stracchino

C Crostini al gorgonzola

D Zuppa ai quattro formaggi

61

SPORT E PALLINE!

Tra questi sport ce n'è uno in cui non serve la palla. Quale?

62

LABIRINTO AL FORMAGGIO

Una sola via porta al groviera. Quale?

63

SPELLICCIO IN CANOA

Osserva l'immagine e scopri le 2 pagaie uguali.

64

W il campeggio

Scopri i 4 oggetti che si ripetono in ogni riquadro.

IL MISTERO DEGLI ELFI

LA NEVE SCENDEVA A TOPAZIA...

Era una gelida mattina di **DICEMBRE**.
A Topazia, la Città dei Topi, aveva nevicato tutta la notte e ancora nevicava...
OOOH, COME NEVICAVA!

Che bello!
Auff!
Che freddo!
Ooops...
... Ooops!

Auguri a tutti!
GIOCATTOLAIO
NATALE
Auguri...
... Auguri!
Oooh come nevica!
Buon Natale!
Buone feste!
Grazie!
Che fatica!

Arrivai in ufficio e... oh, scusate, non mi sono ancora presentato: il mio nome è Stilton, *Geronimo Stilton!*

Dirigo l'*Eco del Roditore*, il giornale più famoso dell'Isola dei Topi!

Dunque vi dicevo, **ARRIVAI** in ufficio.

Iniziai a lavorare, ma *qualcuno* bussò alla porta del mio ufficio... era mio nonno **Torquato Travolgiratti**, detto **Panzer!**

Il nonno ha fondato l'*Eco del Roditore* molti **MOLTI MOLTI** anni fa. Ora gioca a golf tutto il giorno, ma spesso viene in ufficio per '*... controllare se Geronimo si comporta bene!*'. È un tipo, *anzi un topo,* molto severo, ma mi ha insegnato TANTE cose importanti: per esempio, il valore del lavoro onesto.

Torquato Travolgiratti

Nipote, che cosa stai facendo?
Ehm, sto lavorando, nonno!

Il suo motto è: 'LA SFORTUNA NON ESISTE, BASTA LAVORARE, LAVORARE, LAVORARE!'.
Prima che io potessi squittire *'Ciao nonno'*, lui era già entrato a razzo nel *mio* ufficio... si era già seduto alla *mia* scrivania... e già prendeva appunti con la *mia* penna stilografica... sul *mio* taccuino... mentre sorseggiava il *mio* tè... e rosicchiava i *miei* biscottini al gorgonzola!!!
Lui mi tirò un piffo sui baffi che vibrarono:

Ploing! Ploing! Ploing!

– Allora, nipote, lavori... o fai solo finta?
Io sospirai: – Nonno, eccome se sto lavorando! Più si avvicina il Natale, più ci sono COSE DA FARE... E LE DEVO FARE TUTTE IO!
– Nipote, guarda che ti tengo d'occhio. O non mi chiamo più **Torquato Travolgiratti!**

Lavora lavora lavora, altrimenti smetto di giocare a golf e torno a dirigere il giornale!
Io IMPALLIDII: (il mio peggiore incubo è che mio nonno torni a dirigere l'*Eco del Roditore*).
– Nonno, te lo garantisco, io LAVORO LAVORO LAVORO... ma tu continua a giocare giocare giocare a golf! Ti fa bene alla salute!
Lui se ne andò. E io ricominciai a lavorare.

Io sono un tipo, anzi un topo... molto impegnato!

Nei giorni seguenti continuò a NEVICARE. Iniziò per me un periodo frenetico: mantenendo la promessa fatta a mio nonno, MI TUFFAI ancora di più nel lavoro. Da mattino a sera...

Firmavo assegni!

Rilasciavo interviste!

Esaminavo contratti!

Scrivevo articoli!

Controllavo MANOSCRITTI!

Organizzavo riunioni!

Rispondevo al telefono!

Leggevo la posta!

Dettavo lettere!

Ero stanco, anzi stanchissimo! Mi alzavo all'ALBA, correvo subito in ufficio e continuavo a lavorare fino a mezzanotte. Non mi fermavo neanche per mangiare, ROSICCHIAVO un panino al formaggio mentre lavoravo. Quando finalmente tornavo a casa, mi ficcavo sotto le coperte e crollavo addormentato.

I giorni PASSAVANO, anzi volavano... e io ero sempre più stanco. Ma dovevo lavorare, lavorare, lavorare!

QUANTE COSE DA FARE... E LE DOVEVO FARE TUTTE IO!

PER MILLE MOZZARELLE... HO DIMENTICATO L'INVITO DI BENJAMIN!

La **NEVE** continuava a scendere.

La mattina del 24 dicembre, leggendo la posta accumulata, trovai una LETTERA del mio nipotino Benjamin. *Per mille mozzarelle,* era l'invito alla sua recita di Natale!

Caro zio Geronimo,
puoi venire il giorno 24 dicembre alle ore 9.00 alla mia recita scolastica?

Ciao, Benjamin

Io mi battei forte la zampa sulla fronte:

– Eeeh? Il 24 dicembre? Ma è oggi! *Poffartopo,*

me ne sono completamente dimenticato. Colpa di tutti gli impegni di **lavoro!**

Corsi alla scuola di Benjamin, ma quando arrivai, la recita era già terminata. **Tutti** i ragazzini e **tutti** i genitori se n'erano andati.

La maestra mi **sgridò**: – Dottor Stilton, perché è arrivato solo adesso?

Io balbettai: – Ehm, mi scusi tanto, io...

Benjamin mi guardò triste: – Zio, avevi promesso di assistere alla mia recita! E dici sempre che... *le promesse vanno mantenute!*

– *Bocconcino di grana*, per farmi perdonare, ti comprerò un bellissimo regalo!

Lo accompagnai nel negozio più fornito della città. Quanti **GIOCATTOLI**!

Benjamin però pareva triste e non volle che gli comprassi neanche un giocattolo.

Lo riaccompagnai a casa (lui abita con *zia Lippa*) e lo salutai: – Ciao, Benjamin!

Mi rispose svogliato: – Ciao, zio Geronimo.

Mentre mi allontanavo, *io* mi girai a salutarlo, ma *lui* non si girò.

Mi avviai verso l'ufficio.

QUANTE COSE DA FARE...

E LE DOVEVO FARE TUTTE IO!

Scegli ciò che vuoi!

NON HO TEMPO PER LE SORPRESE!

La NEVE continuava a scendere.
La città era coperta di una fitta, soffice, candida coperta di neve.
Ero seduto alla mia scrivania e cercavo di concentrarmi sulla pila di fatture che mi stava di fronte. Uff, che noia!
Ma non potevo ASSOLUTAMENTE fermarmi.
Dovevo lavorare, lavorare, lavorare...
A un tratto udii bussare alla porta.
Chi veniva a disturbarmi?

Chi?

Chi??

Chi???

Un fattorino mi consegnò un **GROSSO** pacco, decorato con tante bananine gialle.
Udii una vocina: – **Cucù cucù cucù!**
Mi guardai attorno, ma non vidi nessuno.
Poi la vocina proseguì: – Ciao Stilton*ino!*
Indovina chi sono? **Cucù cucù cucù!**
Da dietro il pacco spuntò un sorcio dalla pelliccia color **GRIGIO SMOG**, con il muso appuntito e i baffi lustri di brillantina.

Era il mio amico **Ficcanaso Squitt!**
Lui mi strizzò un occhio: – Pssst, Stilton*ino*, ti è piaciuto lo scherzett*ino*? Volevo farti tanti augur*ini* di Buon Natal*ino*, e sono venuto a portarti un **REGALINO!**

Mi porse un pacchetto.
In quel momento qualcuno **bussò** al vetro della finestra.
Impossibile... eppure c'era davvero **QUALCUNO** fuori dalla finestra.

Ma come aveva fatto ad arrivare lì?

Aprii e vidi un roditore *stra*-muscoloso, *stra*-tonico, *stra*-palestrato, *stra*-atletico, *stra*-tatuato, *stra*-scattante, *stra*-forte, *stra*-dinamico, *stra*-energico, *stra*-sorridente **APPESO** al davanzale.

Era il mio amico **IENA!**
Lui mi **URLÒ** entusiasta:
– Scamorzolo, mi sono **paracadutato** sul tetto dell'*Eco del Roditore* e da lì mi sono calato con una **FUNE** fino al tuo ufficio per farti tanti avventurosi auguri di Natale! E soprattutto per portarti di persona un bellissimo **REGALO!** In quel momento una voce dolcissima cantò:

– **BUON NATALE** a te, caro Geronimo!
Aprii la porta e vidi una roditrice dalla pelliccia ambrata, con occhi lucenti come le stelle del cielo africano, che mi rivolse un sorriso affascinante.
Era avvolta in un delicato profumo di colonia alla mozzarella.
La riconobbi: era Makeda Star!

È una cantante famosissima: ha la voce più bella di tutta l'Isola dei Topi!
I suoi CD sono sempre in testa alle classifiche.
Ci siamo conosciuti tempo fa, in cima al Kilimangiaro, perché lei ha una passione per gli sport estremi!
Mi porse un pacchetto: – Sono venuta per farti gli auguri e per portarti un REGALO!
Io appoggiai i tre REGALI DI NATALE sulla scrivania, dicendo ai miei tre amici: – Uhm, non ho tempo di aprirli.
HO TROPPE COSE DA FARE...
E DEVO FARLE TUTTE IO!
I miei tre amici se ne andarono delusi.

Non ho tempo per viaggiare!

La NEVE cadeva sempre più fitta.
Mentre lavoravo, passò la mia amica Patty Spring: una giornalista televisiva che dedica la sua vita a difendere l'ambiente e gli animali!
Patty è una *roditrice affascinante* e... ehm, ecco, in un certo senso... si potrebbe dire che siamo *molto* amici, forse anche *più* che amici, insomma *io* ho un debole per *lei*!
C'è chi dice che lei sia la mia fidanzata.
Un giorno... forse... chissà... magari ci fidanzeremo.
Patty mi abbracciò: – Geronimo! Vuoi partire con me per un viaggio **AVVENTUROSO?**

Andrò in Australia, a **GIRARE** un documentario sui delfini! Pensa, in Australia ora c'è il sole! Qui invece **NEVICA!**

Io borbottai: – Uhm, grazie, ma non ho tempo. Io sono un tipo, anzi un topo, molto imp...

Lei ribatté: – Sì sì sì, lo so che tu sei un tipo, anzi un topo, molto impegnato, ma ci sono cose più importanti del lavoro.

Saremo solo io e te...

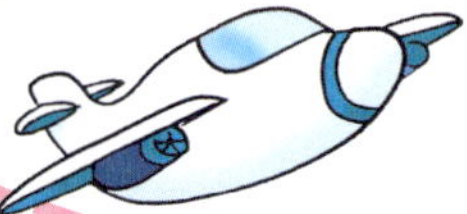

...sarà romanticissimo!

A me sarebbe piaciuto partire, ma ripensando al lavoro che aspettava in ufficio scossi la testa: – Non ho tempo per viaggiare.

HO TANTE COSE DA FARE...

E LE DEVO FARE TUTTE IO!

Lei era delusa: – Ciao, G.

– Ciao, Patty.

Lei se ne andò e io ripresi a lavorare, ansioso.

QUANTE COSE DA FARE!

Auff!
Allora ciao, G!

NON HO TEMPO PER FESTEGGIARE!

Fuori, continuava a **NEVICARE.**

Sentii dei risolini provenire dal corridoio.

Chi c'era dall'altra parte?

Chi rideva??

Anzi... *chi perdeva tempo a ridere*???

Improvvisamente la porta si spalancò. Tutti i miei collaboratori dell'*Eco del Roditore* cantarono in **CORO**:

– Buon Natale, Geronimooo...
buon Natale a teee!

Io sbuffai: – Perché cantate?

Piccolo Tao si stupì: – Perché è **Natale!**

Peperisa aggiunse: – *Auguri!*

Topatty strillò: – *Buone feste!*

Gogò Gó gridò: – *Tanta felicità!*

Tutti ripeterono in coro...

– Felicità! Felicità! Felicitààà!

Io gridai: – **BASTA!**

Poiché tutti continuavano a cantare, io gridai più forte:

– **BASTAAAAAAAAAAAA!**

PICCOLO TAO

PEPERISA PEPEROSA

TOPATTY PACICCIA

Gogò Gó

Bastaaa!

Nella stanza cadde un silenzio profondissimo. Tutti mi **FISSARONO** stupiti.

Io annunciai: – Grazie per gli auguri, ma adesso ritorniamo tutti al lavoro.

Toperia Topetti

Toperia mormorò, sventolandomi una foto sotto il muso: – Geronimo, l'anno scorso la FESTA ti era piaciuta, anzi, l'avevi proposta tu!

Io ribattei: – L'anno scorso era l'anno scorso, quest'anno è quest'anno.

La festa dell'anno precedente!

Stanghetta chiuse la porta.

– Lasciamolo **solo**, non so che cos'ha... ma spero che gli passi presto!

Rimasi solo nel mio ufficio. – Uff!

Mi spiace per loro, ma... HO TANTE COSE DA FARE!

Mi sedetti alla scrivania e ripresi a lavorare. Ora all'*Eco del Roditore* c'era un silenzio di tomba, come se tutti se ne fossero andati.

Mi alzai e in punta di zampe aprii la porta...

Tutti i miei collaboratori erano seduti alla scrivania e lavoravano in silenzio.

I loro musi erano TRISTI.

Era forse colpa mia?

Richiusi la porta. Non era colpa mia, io stavo solo facendo il mio lavoro!

C'ERANO TANTE COSE DA FARE!

SI FA PRESTO A DIRE 'NATALE'...

La NEVE continuava a scendere.
L'orologio della piazza batté le NOVE, poi le DIECI, poi le UNDICI di sera...
Il tempo volava, e io ero sempre immerso nel mio lavoro.
Il telefono squillò: – Drin drin drinnn!

Era mio cugino Trappola, che gridò: – Geronimo, che fai ancora lì in ufficio? Ti aspettavamo per la cena di Natale in famiglia!
Io borbottai: – Umpf, io non ho tempo per le cene, non ho tempo per il Natale, non ho tempo per la famiglia.

Io sono un tipo, anzi un topo, molto impegnato!

Mia sorella Tea strillò: – Geronimo! Vieni qui, niente scuse!

Zia Lippa mi implorò: – Caro nipote, il Natale non sarebbe lo stesso senza di **TE!**

Tutti i parenti al telefono tentarono di convincermi, ma inutilmente.

Ding dong...

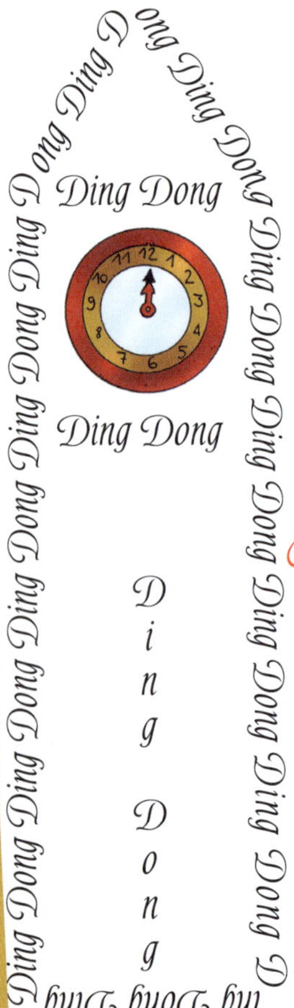

Dalla finestra, vedevo i fiocchi di **NEVE** scendere lenti.
Lavorai lavorai lavorai, finché udii l'orologio della piazza battere la mezzanotte.

Ding Dong Ding Dong Ding Dong

Ero stanchissimo e avevo voglia di andare a casa a dormire.
Ma la pila di documenti sulla scrivania mi fece cambiare idea:
C'ERANO TROPPE TROPPE TROPPE COSE DA FARE!

Finii di rispondere alla posta, finii di leggere i manoscritti, finii di firmare i contratti.

Ma mi restava ancora da scrivere un racconto sul vero spirito del Natale, da pubblicare sull'*Eco del Roditore.*

Per ispirarmi sfogliai un libro che si intitolava 'LA VERA STORIA DI BABBO NATALE'.

Ma ero tanto stanco che mi addormentai con il muso sulle pagine: – **RONF**... la storia... **RONF**... di Babbo... **RONF**... Natale...

PER MILLE BARBICCHIE SBARBICCHIATE...

Non so quanto ronfai... so solo che a un certo punto mi **SVEGLIAI**.
Qualcuno bussava alla finestra: **Toc toc!**

C’era un muso strano, stranissimo, spiaccicato contro il vetro!
Io urlai spaventato...
– **AAAAAAAAAAAGH!**
Una vocetta stridula gridò: – Ehi, apri, devo dirti una cosa!
Io **NON** ci pensavo neanche ad aprire!
Un attimo dopo, dal camino uscì una nuvola di fumo e *qualcuno* rotolò fuori tossendo.
Era un elfo cicciottello, con la barbetta e gli occhietti lucidi come olive nere.
Indossava una giacchetta verde, un paio di pantaloni verdi e un berretto verde con un sonaglietto d’argento.
Lui borbottò: – *Per mille barbicchie sbarbicchiate...* che botta!
Poi mi guardò SOSPETTOSO: – Uhm, tu devi essere il sorcio, vero?

Aaaaaaaaaaaagh!

Io risposi stupito: – Veramente il mio nome è Stilton, *Geronimo Stilton*, ma...
L'elfo mi interruppe borbottando: – Io sono **Gucchio**, **sorcio**, e sono qui a nome di Babbo Natale, che ti invita da lui!
– Eeeeh? *Babbo Natale* mi vuole incontrare? Ma perché?
L'elfo concluse: – Boh, ha detto che ti spiegherà tutto lui. Sbrigati, **sorcio!**
Infilai la giacca a vento e squittii: – Sono pronto a partire!

LASSÙ
TRA LE NUVOLE

L'elfo saltò sulla slitta trainata dalle NOVE renne e le incitò: – *Yuhuuuuuuuuuuuu!*
Le renne puntarono verso il cielo, in un volo libero e felice.
Salimmo salimmo salimmo, fino a tuffarci nelle nubi, candide e fioccose come un batuffolo di cotone.

Il vento mi faceva frullare i baffi...
L'elfo si vantò: – Ti piace la slitta, sorcio? Guarda quante acrobazie so fare!
Mi girava la testa: – Io soffro di vertigini!
Ero VERDE come un RAMARRO e mi sentivo lo stomaco rivoltato come un calzino!

Yuhuuu!
Aiutooo!
Aiutooo!
Yuhuuu!
Yuhuuu!
Aiutooo!
Yuhuuu!
Aiutooo!

Volavamo a una velocità SUPERSONICA, sempre diretti a nord.
Il paesaggio sotto di noi cambiava rapidamente. Brrrr, come faceva freddo adesso!
Improvvisamente nell'oscurità vidi un'immensa distesa di GHIACCIO, che i raggi della luna facevano risplendere come un gioiello.

Dove eravamo?

Non lo sapevo.
Forse eravamo giunti ai confini del mondo...
Gucchio incitò le renne e le fece atterrare su una pista tutta coperta di neve, in mezzo a un bellissimo BOSCO di abeti.

1
2
3
4
5
6
7
8

1. Fabbrica dei Giocattoli
2. Ufficio progettazione
3. Laboratorio creativo
4. Ufficio di Babbo Natale
5. Qui si carica la slitta
6. Stalla delle renne
7. Qui si parcheggia la slitta
8. Qui decolla la slitta
9. Casa di Babbo Natale
10. Villaggio degli elfi
11. Qui si fanno i pacchetti
12. Magazzino dei regali
13. Ufficio postale
14. Ufficio reclami

CERTO CHE SONO BABBO NATALE!

L'elfo saltò giù dalla slitta: – Ora andiamo a casa di Babbo Natale, **sorcio.** Lui non vede l'ora di conoscerti (non capisco perché).

Io ero molto emozionato.

Chi l'avrebbe mai detto?

Stavo per incontrare *Babbo Natale*

L'elfo si fermò davanti a una capanna di tronchi e suonò il campanello: – *Ding Dong!*

Poi l'elfo annunciò:

– Sono io, Gucchio! Ti ho portato il tipo, *anzi*

il topo, quello lì, il coso, insomma, lui, il **sorcio!**

Io mormorai: – Ehm, veramente il mio nome è Stilton, *Geronimo Stilton*...

Una voce dall'interno esclamò:

– Finalmente! Entra, caro Geronimo, ti stavo aspettando...

Davanti a me, seduto in poltrona, c'era un tipo con un pancione **TONDO** e barba e baffi ricciuti.

Sulla vestaglia di LANA ROSSA erano ricamati alberelli natalizi, sulle pantofole le iniziali *B.N.*

Io chiesi esitante: – **EHM, MA LEI SAREBBE...** cioè... tu sei... Babbo Natale?

Lui ridacchiò: – Certo che sono Babbo Natale! Chi credevi che fossi, topastro?!?

BISOGNA SEMPRE MANTENERE LE PROMESSE!

Una voce femminile strillò: – Adesso basta, torna a dormire, altrimenti non GUARISCI più! Già ti avevo detto di non uscire di casa senza la maglietta di lana...

Da dietro la porta si affacciò una tipa massiccia, dalle folte trecce, con occhi azzurri come il cielo e un grembiulone con disegnini natalizi. Era *Greta,* la moglie di Babbo Natale!

Lei mi fissò: – E tu chi sei?

Io le baciai la mano: – Signora, il mio nome è Stilton, *Geronimo Stilton!*

Lei si illuminò: – Ti stavamo aspettando, straniero! Siediti, ti offro una buona tazza di cioccolata e dei biscottini alle mandorle!
Babbo Natale sorrise: – La cioccolata e i biscottini di Greta sono davvero SPECIALI!
– Ehm, grazie, sono buonissimi. Ma dimmi, Babbo Natale, che cosa posso fare per te?
Babbo Natale sospirò: – Caro Geronimo, mi è successa una cosa TREMENDA, una di quelle che ti capitano ogni centocinquant'anni e mezzo, una cosa che... insomma, ho preso il morbillo! E proprio ora, a Natale!
Io balbettai sbalordito: – Eeeh? Hai preso il morbillo?
Solo allora notai che sul viso aveva tante macchioline rosse... di morbillo!

Babbo Natale con il morbillo

Greta sbuffò: – Abbiamo lavorato tutto l'anno insieme agli elfi per preparare migliaia, anzi milioni, anzi miliardi di giocattoli per tutti i bambini del mondo. Ma ora Babbo Natale è malato, e non potrà mantenere la promessa di consegnare i giocattoli!

Una LACRIMA scivolò lungo i baffoni di Babbo Natale: – E una promessa va SEMPRE mantenuta! Soprattutto se è fatta ai bambini! Perciò ho bisogno di aiuto: tu, Geronimo, consegnerai i giocattoli a TUTTI i bambini del mondo!

Io gridai: – Eeeeeeeh? Ma perché proprio io?

Lui sorrise: – Perché ho letto i tuoi libri e so che di te ci si può fidare! Li ho letti tutti, sai? Mi piacciono anche le tue barzellette. Le

racconto sempre alle mic renne, per tenerle **allegre!**

Io ero preoccupatissimo: – Ma non ce la farò mai a sostituirti!

Greta mi supplicò: – Prometti, Geronimo! Abbiamo bisogno di aiuto!

Io **sospirai**: – E va bene, signora, prometto!

Babbo Natale scrisse qualcosa su una pergamena, la sigillò con la ceralacca e me la porse.

Poi chiuse gli **OCCHI** e iniziò a russare: – RONF... adesso... BZZZZZZZ... posso... RONF... finalmente... BZZZZZZZZZZ... riposare... RONFFFFFFFFF... BZZZZZZZZZZZZZZZZZZ!

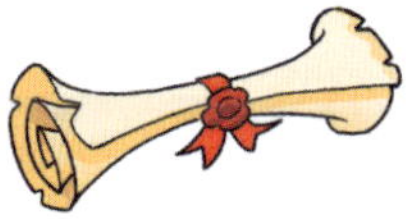

Lacrime di elfo

Quando uscii, l'elfo mi chiese sospettoso:
– Allora, sorcio, che cosa ti ha detto Babbo Natale?
Io sospirai: – Babbo Natale ha il morbillo.
Mi ha chiesto di aiutarlo a distribuire tutti i GIOCATTOLI a tutti i bambini del mondo.
Lui strillò: – Cosacosacosa?
Ha chiesto a un sorcio di aiutarlo? Non ci credo!
Io gli porsi la pergamena.
Lui la SROTOLÒ e lesse a voce alta...

Quando finì di leggere la pergamena, l'elfo gridò: – Accipicchia accipicchia accipicchia! Sono geloso geloso geloso! Perché perché perché *lui* ha chiesto aiuto a *te* (che sei solo un sorcio)?

Io cercai di consolarlo: – Sono sicuro che Babbo Natale ha **MOLTA** fiducia in te e...

Lui mi voltò le spalle: – Non voglio più parlarne. Andiamo alla FABBRICA DEI GIOCATTOLI! Dovrò anche spiegarti come funziona, eh?

– Ehm, grazie, in effetti, non ho grande esperienza di GIOCATTOLI.
Lui sbuffò: – Immaginavo. Figuriamoci, un sorcio che dirige la fabbrica di Babbo Natale!
Io feci finta di niente.
– Sai che cosa penso dei sorci???

Che dovrebbero restarsene a casa loro a rosicchiar formaggio, anziché andare in giro a rubare il lavoro agli altri!
– Io veramente non ho rubat...
– *Tu*, che cosa ne vuoi sapere di giocattoli? *Tu*, un sorcio! *Tu*, che dirigi un giornalucolo di provincia!
– Ehm, l'*Eco del Roditore* è il giornale più famoso dell'Isola dei Topi e...
– L'*Eco del Roditore*? Ha ha haaa!
Io feci finta di niente.

Poi proposi: – Anziché discutere, diamoci da fare per **CONSEGNARE** i giocattoli in tempo!
– Umpf! Se fosse per me...
Io feci finta di niente.
L'elfo entrò in una grande **CAPANNA** di tronchi d'abete. Io lo seguii, ma Gucchio mi sbatté la porta sul muso!
Lanciai un urlo: **– AHIAAAAAAA!**
Lui ridacchiò: – Ops, scusa tanto, **sorcio**!
Anche stavolta feci finta di niente.

NELLA FABBRICA DEI GIOCATTOLI

Dunque, entrammo nella Fabbrica dei GIOCATTOLI di Babbo Natale.

C'erano tante macchine che lavoravano la PLASTICA per ottenere bellissime bambole e cubi per le costruzioni.

C'erano anche macchine che cucivano gli abiti delle bambole e altre che fabbricavano **PELUCHE** morbidissimi!

6
5
4

C'erano alcuni elfi che progettavano VIDEOGAME...
Altri dipingevano bambole di porcellana e costruivano TRENINI di legno come si faceva una volta: scolpivano il legno, lo lucidavano, lo dipingevano a mano.
C'era anche una macchina tipografica che stampava libri!
Io ero contento che tanti bambini avessero chiesto un libro per Natale.
Dissi agli elfi: – Quale regalo è più bello di un libro? Un libro ti fa volare sulle ali della fantasia in favolosi paesi incantati... un libro ti fa compagnia la sera, al mare, in montagna... un libro è un amico che non ti lascia mai solo!

Tutti gli elfi applaudirono: – Bravo, Stilton! Viva Stilton! Grazie per essere venuto fin qui, ad aiutare Babbo Natale!

Proprio allora... Gucchio lasciò cadere una **PESANTISSIMA** cassa di legno sulla mia zampa.

Lanciai un urlo: **– AHIAAAAAAA!**

Lui ridacchiò: – Ops, scusa tanto, **sorcio**!

Io feci finta di niente.

VIA SULLE ALI DEL VENTO!

Dopo aver caricato tutti i doni, gli elfi mi consegnarono una **LUNGHISSSSSSSSSSSSSSSIMA** lista di nomi e indirizzi, ma... Gucchio mi passò con la slitta proprio sulla coda!

Lanciai un urlo: **– AHIAAAAAAA!**

Lui ridacchiò: – Ops, scusa tanto, sorcio!
Io feci finta di niente.
Prima di mettermi in viaggio, passai da Greta e Babbo Natale e chiesi: – Come potrò consegnare in una *sola* notte tutti i regali? I bambini nel mondo sono tantissimi, mi ci vorranno *settimane*, *mesi*, forse *anni*!
Greta sorrise: – Questa notte nel mondo sembrerà come tutte le altre. Ma per te sarà lunghissima! Tu partirai a mezzanotte e viaggerai, viaggerai, viaggerai finché l'ultimo dei doni sarà consegnato... il tempo si fermerà apposta per te, in questa notte speciale, per permetterti di consegnare tutti i DONI!
Adesso è ora di partire. Buon viaggio!
Io tornai alla slitta.
Tutti gli elfi mi fecero gli auguri, tranne Gucchio che si era NASCOSTO per non salutarmi.

Mi spiaceva che non volesse essere mio amico, perché a me era SIMPATICO!

Accarezzai le renne: – Care fedeli amiche, fatemi viaggiare per mari e monti, deserti e ghiacci, fino ai confini del mondo. I bambini ci aspettano... via sulle ali del ventoooo!

Le renne PARTIRONO al galoppo, facendo tintinnare i sonagli d'argento, puntando dritto verso le nuvole!

Io avevo i baffi che FRULLAVANO per la velocità.

Iniziò un lunghissimo viaggio...

Visitai tutti i continenti!

Dalle città più grandi ai villaggi più lontani, nessun bambino fu dimenticato, perché Babbo Natale voleva farli TUTTI felici!

ATTENTO, GUCCHIO!

Era ormai l'alba quando consegnai l'**ultimo** dono a una bambina di nome Zoe, in un lontano villaggio in Africa.

– Ecco, Zoe era l'ultimo nome sulla lista. Ora ho proprio finito!

Ripresi il viaggio di ritorno.

Già intravedevo le luci della FABBRICA DEI GIOCATTOLI... quando dall'alto vidi una macchia verde in mezzo alla neve: era Gucchio!

Se ne stava SOLO SOLETTO, con aria triste, sulle rive di un lago ghiacciato.

Atterrai vicino a lui e gli chiesi: – Gucchio, vuoi un passaggio fino al villaggio?

Lui sbuffò: – No, non voglio niente da te, sorcio, neanche un passaggio!

Poi corse via sul lago.

Il ghiaccio sotto di lui scricchiolò e io gridai: – Attento, Gucchio!

Improvvisamente la SAGOMA verde dell'elfo scomparì, inghiottita dalle acque ghiacciate!

Aiutooo!
Abbi fiducia!

Io corsi per aiutarlo, ma il GHIACCIO scricchiolò sotto le mie zampe: scric scric scriiic! Allora mi sdraiai e strisciai verso l'elfo, che gridava disperato: – AIUTOOOOOOOOOO!

Gli lanciai la mia cintura: – Afferrala, amico! Abbi fiducia in me, io ti salverò!

L'elfo afferrò la cintura.

Io lentamente, mooolto lentamente, lo tirai fuori e lo portai in salvo sulla riva.

Lo coprii con la mia GIACCA ROSSA, per riscaldarlo, poi lo portai al villaggio.

Greta lo fece sdraiare sul divano, sotto una montagna di coperte, facendogli bere una tazza di latte caldo con tanto miele.

Gucchio pianse: – Perdonami, sorcio, cioè, ehm, Geronimo, ma... *tu* sei il nuovo aiutante di Babbo Natale, io, invece, non servo più a niente! Sono un elfo INUTILE, ecco!

Tirò fuori un fazzolettone verde e si soffiò il naso rumorosamente. *Prrr! Prrr! Prrrrrrr!*

Gli dissi gentilmente: – Non mi interessa diventare l'aiutante di Babbo Natale. *Parola d'onore di roditore!*

Poi gli tesi la zampa: – Vuoi diventare mio amico?

Lui si asciugò le LACRIME: – Sì, **parola d'onore di elfo!**

Poi ci stringemmo la *zampa*, cioè la *mano*, insomma diventammo *amici*!

CIOCCOLATA CALDA E BISCOTTINI ALLE MANDORLE!

Babbo Natale e *Greta* mi fecero sedere insieme a loro davanti al fuoco e mi offrirono una TAZZA di cioccolata calda e biscottini alle mandorle.

– Come possiamo ringraziarti di ciò che hai fatto per noi?

Io scossi la testa: – Nulla, mi basta aver reso **felici** tanti bambini.

Babbo Natale sorrise sotto i baffi. – Ha ha haaa, immaginavo che non avresti chiesto niente in cambio. Sei un vero *gentiltopo!* Ma io ti farò comunque un **regalo...** un regalo che non ha prezzo. Adesso ascolta...

– Ti ascolto, Babbo Natale!

– Dunque, Geronimo, tutto cominciò qualche anno fa. Mi ero accorto dalle lettere che spesso i bambini erano TRISTI. Alcuni raccontavano che si sentivano SOLI... *per mille pacchettini spacchettati,* perché i bambini si sentono soli, mi sono detto IO?

– Già, perché si sentono soli? – chiesi anch'io.

Lui gridò: – Te lo dico io perché: **gli adulti non dedicano abbastanza tempo ai ragazzi!**

Poi sfogliò il suo libriccino: – Per esempio, mi risulta che... l'ultima volta che hai giocato con tuo nipote Benjamin risale esattamente a **1** mese e **13** giorni fa!

Io balbettai: – Ehm, ecco, forse... io sono un tipo, *anzi un topo,* molto impegnato e...

Lui tuonò, facendo **TREMARE** i vetri della stanza: – Ma quali impegni e impegni!

Che cosa conta di più per te, il tuo lavoro o il tuo *nipotino?*

– Ma il mio nipotino, naturalmente!

Greta concluse: – Bravo, Geronimo! Allora dimostralo! Passa più tempo con lui, dedicagli più attenzione. Di *questo* ha bisogno il tuo nipotino. Il vero spirito del Natale non significa solo comprare regali, ma fare qual-

cosa per gli altri, donando ciò che vi è di più prezioso al mondo: attenzione, affetto vero, amicizia, *amore!*

Babbo Natale prese una letterina e lesse:

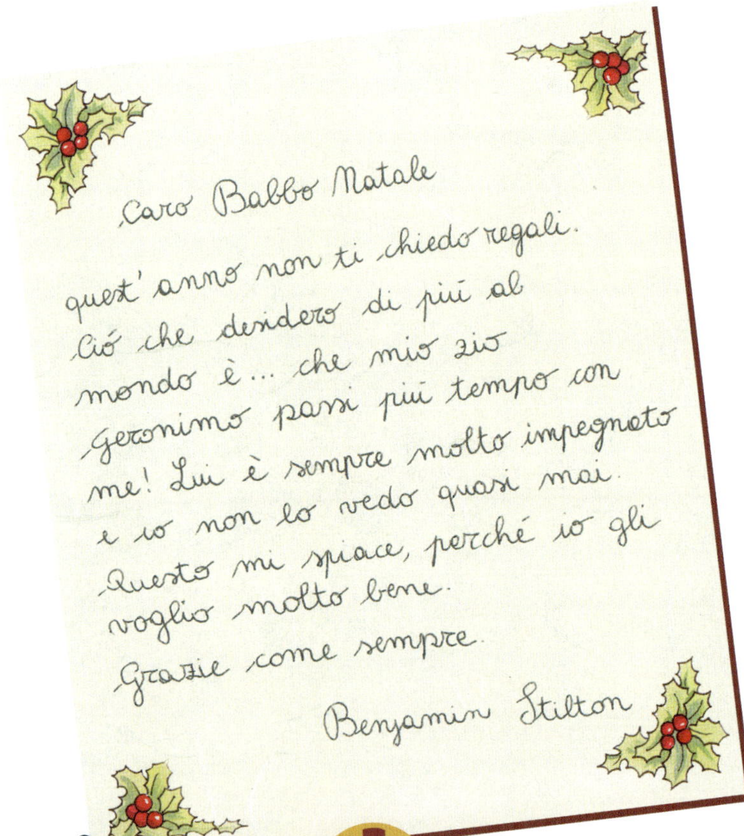

Caro Babbo Natale

quest'anno non ti chiedo regali.
Ció che desidero di più al
mondo è... che mio zio
Geronimo passi più tempo con
me! Lui è sempre molto impegnato
e io non lo vedo quasi mai.
Questo mi spiace, perché io gli
voglio molto bene.

Grazie come sempre.

Benjamin Stilton

Quando lui finì di leggere, io promisi, con la ZAMPA sul cuore: – *Parola d'onore di roditore*: seguirò il tuo consiglio, Babbo Natale!

Stavo sorseggiando una tazza bollente di cioccolata e rosicchiando i biscottini alla mandorla, quando...

… QUANDO QUALCUNO BUSSÒ ALLA PORTA!

… quando *qualcuno* bussò alla porta!

Mi svegliai di colpo: – **SQUIT!** Babbo Natale… gli elfi… le renne… *per mille mozzarelle,* è già mattina!

Aprii la porta e vidi mio nonno.

– Nipote! Che cosa fai in ufficio? Ieri sera ti abbiamo aspettato, ma tu non sei venuto, perché? A Natale devi stare con le persone che **ami!**

Io squittii: – Ma nonno, tu continuavi a dirmi che dovevo LAVORARE LAVORARE LAVORARE...

Il nonno tuonò: – Nipote, è vero che *io* ti ho detto di *lavorare*, ma *tu* stai esagerando! Il lavoro non deve togliere tempo al tuo nipotino, alla famiglia, agli amici, alla fidanzata! Perché so che hai la fidanzata, sai?

Io squittii: – Una fidanzata? Veramente, Patty Spring e io siamo solo amici e...

Il nonno se ne andò dopo avermi tirato un piffo sui baffi: – Nipote, guai a te se non lavori... ma **GUAI A TE** se lavori troppo! La famiglia è importante, ricordalo sempre!
Quando rimasi solo, mi venne in mente una cosa: – *Per mille mozzarelle,* non ho ancora scritto il racconto sul vero spirito del Natale!
Dunque dunque dunque, che cosa avrei potuto **scrivere?**
Ahimè, mi mancava un'idea!
Provai con tutti i sistemi che di solito funzionavano.
Ma nessuno funzionò!
AHIMÈ AHIMÈ AHIMÈ!

7 modi per trovare un'idea

1. Fare un bagno caldo con tante bolle!

2. Fare ginnastica yoga!

3. Scrivere con la penna che mi ha regalato il nonno!

4. Ascoltare musica di Mozart!

5. Mettersi a testa in giù!

6. Modellare stelline con la mollica di pane!

7. Mettere ordine negli armadi!

IL PROFUMO DEI BISCOTTINI ALLA MANDORLA

Poi ricordai ciò che mi diceva sempre zia Lippa, quando andavo a scuola.

Zia Lippa diceva sempre: – *Il cervello non può funzionare se il corpo non è alimentato bene! Fai sempre una buona colazione alla mattina, vedrai che riuscirai a concentrarti meglio!*

Mi preparai una cioccolata calda e rosicchiai un biscottino alla mandorla...

Proprio il profumo dei biscottini alla mandorla mi fece improvvisamente ricordare il meraviglioso sogno di quella notte!

Ah, che sogno!
Prima il viaggio con le renne... poi la FABBRICA DEI GIOCATTOLI... e anche i saggi consigli di *Greta* e di *Babbo Natale!*
Balzai in piedi e gridai entusiasta: – *Per mille mozzarelle,* ecco finalmente l'idea che stavo cercando! Racconterò questo sogno meraviglioso, per spiegare a tutti i lettori dell'*Eco del Roditore* che cos'è il vero spirito del Natale!

Il viaggio con le renne

La Fabbrica dei Giocattoli

I consigli di Greta e Babbo Natale

Ora sì che avevo trovato l'ispirazione!
Iniziai a scrivere, con le dita che volavano sui tasti.
Le parole fluivano leggere come farfalle, perché ciò che raccontavo mi veniva dal cuore!
Raccontai tutto, ma proprio tutto quello che mi era successo nel sogno.
Poi, con un sospiro di sollievo, scrissi in fondo alla pagina la parola FINE!

C
V
S
A
N
P

SCUSATEMI, HO SBAGLIATO!

Mentre tornavo a casa, passeggiando sotto la **NEVE**, riflettevo...

Pensai che nonno Torquato aveva ragione: Natale è un momento da passare con le persone che ami!

Così telefonai a **TUTTI**: tutti i miei parenti, tutti i miei amici, tutti i miei collaboratori dell'*Eco del Roditore*.

TUTTI TUTTI TUTTI TUTTI TUTTI

Volevo farmi **perdonare** per essere stato scortese.

A tutti dissi: – Scusatemi, ho sbagliato. È vero che io sono un tipo, anzi un topo, molto impegnato! Ma da ora in poi, troverò sempre il tempo per voi, perché *voi* siete importanti per *me*! Vi invito tutti a casa mia, portate anche i vostri amici e parenti, faremo una grande festa, perché oggi è il 25 dicembre, è **Natale** ed è giusto festeggiare insieme!

Tutti accettarono.

Io ero molto felice.

Ma poi riflettei.

Riflettei riflettei riflettei...

Riflettei riflettei riflettei...

Riflettei riflettei riflettei...

Gli invitati erano **centinaia** e avevo pochissimo tempo a disposizione!
Il frigo era **VUOTO**... non avevo decorazioni natalizie... non avevo comprato neanche un regalo... in che guaio mi ero cacciato!
Strillai preoccupato: – *Per mille mozzarelle,*

non ce la farò mai! È impossibile organizzare tutto in così poco tempo.

Mentre riflettevo, il campanello trillò.

– Drin drin drinnn!

Corsi ad aprire la porta...

SIAMO VENUTI AD AIUTARTI, GERONIMO!

Mi aspettava una sorpresa incredibile: davanti a casa mia, in Via del Borgoratto 8, c'era una **FOLLA** di parenti e amici!

Loro gridarono in coro: – Siamo venuti ad aiutarti, Geronimo! SAPPIAMO CHE HAI TANTE COSE DA FARE... ma tutti noi ti aiuteremo!

Ciascuno si offrì di fare qualcosa.

– Io andrò in cucina a preparare gli *antipasti!*

– Io metterò in forno le lasagne al *taleggio!*

– Io preparerò il dolce al *gorgonzola!*

– Io apparecchierò la *tavola!*

– Io accenderò il fuoco nel *camino!*

BUON NATALE

– Io addobberò la *casa!*

– Io decorerò l'*albero di Natale!*

Ciascuno scelse un compito, ciascuno mi aiutò a organizzare quella meravigliosa festa.

Fu una festa davvero stratopica, il miglior *Natale* della mia vita.

Proposi un brindisi: – Cari amici, grazie per avermi aiutato a capire che avevo sbagliato. Poi misi la ZAMPA destra sul cuore: – Grazie per i vostri doni. Quanto a me, io vi regalerò qualcosa che non si può comprare nei negozi. Qualcosa che scalda il

cuore più di un maglione di cachemire, che brilla più di un gioiello lussuoso, che fa battere il cuore più di qualsiasi

sorpresa. Vi donerò ciò che vi è di più prezioso al mondo: *amore vero!*

Vi dono il mio *cuore*, colmo di tanto affetto. E da oggi in poi, vi dedicherò più *tempo*, perché ho capito che per ciò che si ama si trova sempre il tempo!

Spalancai le braccia: – Auguro tanta felicità a tutti i roditori e le roditrici del mondo, perché *la vita è bella, il mondo è meraviglioso... e io voglio bene a tutti!*

NEVE, NEVE E ANCORA NEVE

La **NEVE** ora era alta tre metri!
Non finiva più di **NEVICARE!**
Osservai preoccupato: – Una **NEVICATA** così non si era mai vista a Topazia!

Accesi la TELEVISIONE e tutti insieme, in silenzio, ascoltammo le notizie drammatiche.
Tutta la Città dei Topi era sotto la neve!
I bambini e le persone anziane avevano difficoltà a uscire, perché le strade erano **BLOCCATE** dalla neve!
Sul video comparve il muso del sindaco di Topazia, Honorato Topato.
Lui annunciò con aria SERIA: – Cittadini di Topazia, per risolvere questo problema c'è bisogno dell'aiuto di tutti voi! Vi chiedo di uscire nelle strade per aiutarci a spalare la neve! C'è bisogno dell'aiuto di tutti, ripeto, di tutti! La città è bloccata, le ambulanze non possono circolare. Ma insieme ce la faremo!
Io e i miei amici ci guardammo negli occhi, poi come un solo topo gridammo: – Andiamo!
La nostra città ha bisogno di noi!

GIOCATTOLAIO

Ci procurammo le **PALE** e cominciammo a spalare la neve.
Faceva molto freddo ed eravamo molto stanchi. Continuammo a spalare, fino a non sentire più i **muscoli** delle braccia.
Finalmente a sera le strade di Topazia furono libere dalla neve!
Festeggiammo bevendo *cioccolata* calda, chiacchierando piano e ridacchiando felici.
Io abbracciai Benjamin: – Ehm, *bocconcino di grana*, ti chiedo ancora scusa. Sono stato molto impegnato con il mio lavoro, ma d'ora in poi mi dedicherò di più a te. Ho capito che volere bene significa ***donare,*** offrire *non solo* regali, ma *anche* e *soprattutto* amore! E significa *impegnarsi*, fare qualcosa per gli altri!
Il mio nipotino Benjamin si illuminò:
– Oh, zio Geronimo, mi rendi davvero felice!

Questo è il più bel regalo di *Natale* che tu potessi farmi!
Ci abbracciammo e ci promettemmo che ci saremmo *sempre* voluti bene, *sempre sempre sempre*!

Era un Natale meraviglioso, il migliore della mia vita. E avevo imparato tante cose... per esempio, che dovevo trovare più *tempo* per me e la mia famiglia.

Tempo per divertirmi con i miei amici, che avevo a lungo trascurato!

Tempo per dedicarmi al mio nipotino!

Tempo per riflettere su ciò che davvero contava *per me* nella vita!

Ma anche *tempo* per sognare... perché a volte i sogni ci aiutano a capire meglio la realtà!

Giacca d'artista

OCCORRENTE: cartone ondulato; scatole piccole rettangolari; scatola piccola rotonda (delle caramelle); carta di giornale; tappi di plastica; graffette; pannolenci; carta assorbente; colori acrilici.

Per la struttura della giacca ritaglia un rettangolo di cartone (66 cm x 45 cm). Disegna le due alette esterne (15 cm) e i due spessori (3 cm). Piega come nell'immagine.

Larghezza aletta 15 cm
Spessore 3 cm

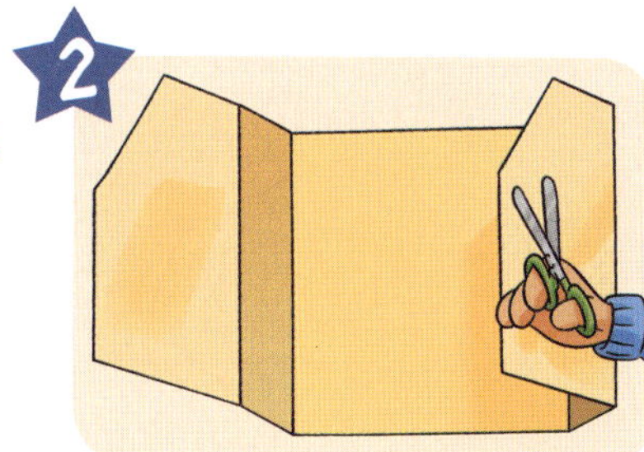

Fai due tagli sulle alette, in modo da creare una 'V' a giacca chiusa.

Per i bottoni incolla due palline di carta

Incolla due piccole scatole di cartone, aperte nella parte superiore, per realizzare le tasche.

Colora la giacca con l'acrilico verde, lasciando da parte i polsini della camicia.

5

Disegna la cintura e dipingi l'interno della cartellina con il bianco. Sarà la camicia.

6

Una volta asciutto, disegna con la matita i particolari della camicia. Dipingi la cintura con l'acrilico marrone e la fibbia con il giallo.

7

Con le forbici ritaglia la cravatta dal pannolenci e fissala con la colla sul colletto.

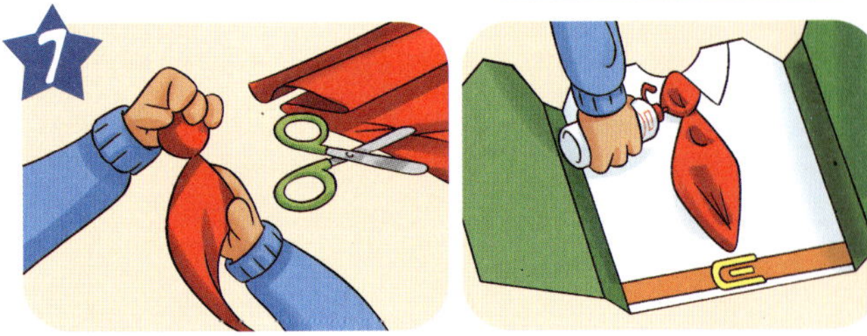

8

Da un altro cartone ritaglia un rettangolo (29,5 cm x 51 cm). In basso disegna due rettangoli come nell'immagine. Sarà il panciotto.

Il primo rettangolo è alto 1 cm, il secondo 5 cm

9

Per la taschina del panciotto, incolla una scatolina a mezzaluna e aperta in alto. Ricoprila con pezzetti di carta assorbente imbevuti di acqua e colla vinilica.

Incolla tre tappi come bottoni e fai un buchino per infilare la catenella dell'orologio

Per l'orologio, incolla due palline di carta su una scatolina tonda. Ricopri con pezzetti di carta assorbente imbevuti di acqua e colla vinilica.

Piega in sotto il primo rettangolo del panciotto per creare lo spessore della cartelletta. Piega anche il secondo rettangolo, ti servirà per incollare il panciotto alla camicia.

Secondo rettangolo del panciotto

Retro della cartellina

Dipingi il panciotto con il verde e l'orologio con il giallo.

Incolla il secondo rettangolo del panciotto sul retro della cartellina. Colora di verde.

Chiudi la cartellina. Ora puoi... infilarci tutti i tuoi disegni!

Caccia al tesoro

OCCORRENTE: cartoncino ruvido; pasta da modellare; nastro; caffè d'orzo; pennello; colori acrilici

COME SI GIOCA

Bisogna essere almeno in tre e formare due squadre. Un giocatore (che non fa parte delle squadre) prepara dei bigliettini con gli indovinelli e ne nasconde due in ogni luogo della casa indicato sulla mappa. Gli altri partono dalla **X** e cercano i biglietti. Ogni impronta vale un minuto: per esempio, se tra il divano e il frigorifero ci sono tre impronte, i giocatori hanno tre minuti per trovare il biglietto e rispondere agli indovinelli. Vince la squadra che arriva prima alla fine e risolve esattamente più indovinelli.

1

Arrotola con la matita un angolo del foglio per creare l'effetto arrotolato.

Prendi un foglio di cartoncino ruvido (50 cm x 35 cm). Fai dei piccoli strappi lungo il bordo per creare un effetto mappa antica.

2

Disegna un'isola. Non dimenticarti la rosa dei venti nell'angolo in basso.

3 Per colorare la pergamena di marrone utilizza un pennello intinto in una tazzina di caffè d'orzo.

4 Ora dipingi l'isola con i colori acrilici.

5 Posiziona la lettera al centro del sigillo

Per il sigillo, premi un bicchiere sulla pasta da modellare a forma di fiore. Fai un salsicciotto di pasta e modella la 'G' di Geronimo.

Per tenere chiusa la mappa, incolla dietro i lati corti due pezzetti di nastro. Incolla il sigillo su un lato della pergamena, sopra il nastro. Realizza anche dei bigliettini anticati e... buona caccia al tesoro!

Oggi mi sento...

OCCORRENTE: cartone; scatola della pasta; carta assorbente; feltro giallo; cannuccia; palline di polistirolo; colori; acrilici; fermacampione ; tappo di plastica; gancino

Traccia un cerchio sul cartone aiutandoti con il coperchio di una pentola. Fai un secondo cerchio identico al primo e ritaglia entrambi.

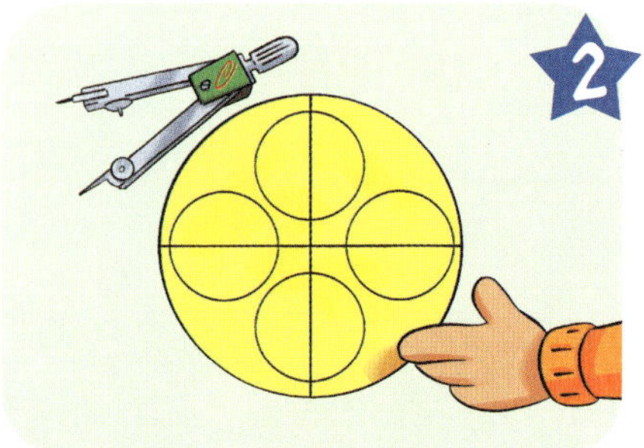

Dipingi il fondo di uno dei due dischi con l'acrilico giallo e, una volta asciutto, dividilo in quattro parti uguali. Su ogni raggio disegna un piccolo cerchio con il compasso.

3

Su un foglio disegna quattro cerchi identici a quelli appena tracciati sul disco. Nei cerchi disegna quattro diverse situazioni atmosferiche: arcobaleno, sole raggiante, cielo nuvoloso e cielo molto 'arrabbiato'!

4

Colora i disegni con i pennarelli, ritaglia i quattro cerchi e incollali sul disco di cartone. Incolla sul retro un gancino, per appendere il tuo segnaumore.

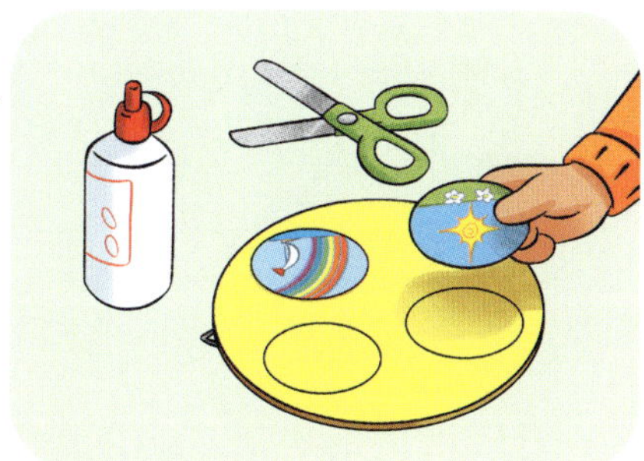

5

Il cerchio deve essere nella stessa posizione di quelli dell'altro disco

Sull'altro disco di cartone disegna e ritaglia un cerchio identico per dimensione e posizione a uno dei cerchi del primo disco. Dipingi con l'acrilico e fai i buchi con le sfumature.

Incolla al centro, sopra il fermacampione, un tappo di plastica rosso

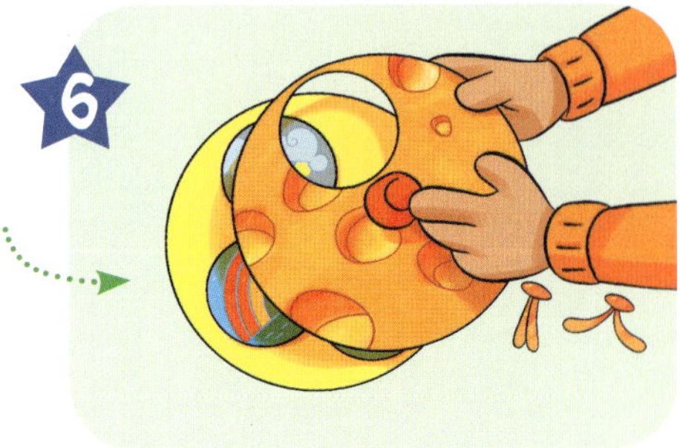

Sovrapponi i due dischi e, con la punta della matita, fora al centro entrambi. Infila nel buchino un fermacampione e fermalo sul retro del disco che sta sotto.

Ritaglia e incolla un pezzetto di cartone per chiudere il lato aperto del triangolo

Ora realizza lo spiedino, servirà come levetta per far girare il disco che sta sopra. Per i triangoli di formaggio, ritaglia due angolini da una scatola di cartone.

8

Ricopri le due fette di formaggio con pezzetti di carta assorbente imbevuti di acqua e colla. Dipingili con gli acrilici.

9

Taglia due quadratini di feltro gialli per realizzare le sottilette da infilare nello spiedino.

10

Infila i formaggi nella cannuccia come vedi nell'immagine, alternando le fettine con palline di polistirolo, che sono ciliegine di mozzarella, e le sottilette.

11

Adesso incolla lo spiedino sul disco che sta sopra, lasciandone sporgere un pezzetto in modo da poter impugnare la levetta.

12

Appendi il segnaumore fuori dalla porta della tua cameretta e comunica al mondo di che umore sei!

Salvadanaio da scoop

OCCORRENTE:

scatole di cartone (di diverse misure); carta ondulata; rotoli di carta igienica; palline di carta; tappi di plastica; carta assorbente; feltro; filo; graffette; foglio di acetato; colori acrilici.

Fissa la metà del rotolo all'estremità sinistra della scatola

La scatola è larga 17 cm, alta 9 cm e profonda 6 cm

Prendi una scatola di cartone rettangolare, taglia a metà il rotolo di carta igienica e fissalo con il nastro adesivo sul fronte.

Chiudi con metà disco di cartoncino la parte superiore del rotolo. Fai un foro sul fronte della scatola e incolla, in alto a destra, una scatolina.

Per il foro, appoggia un rotolo di carta igienica sul fronte, traccia la circonferenza e ritaglia

3 Ricopri tutto con pezzetti di carta assorbente imbevuti di acqua e colla vinilica.

4 Per realizzare il flash, prendi una scatolina di cartone. Taglia un rettangolo come nell'immagine, servirà per infilare le monete.

5 Sul fondo della scatolina ritaglia un'apertura in modo che le monete, una volta infilate nel flash, possano cadere nella macchina fotografica.

6 Disegna le margherite con la matita. Per realizzare i pulsanti, incolla due tappi di plastica e una mezza pallina di carta come nell'immagine.

Ritaglia una fessura sul lato superiore della macchina e incolla qui il flash

Colora la mezza pallina di rosso

Dipingi con l'acrilico rosa il fondo della macchina, le margherite con il bianco e il giallo. Colora il flash di grigio e giallo.

Per la lente ritaglia un piccolo disco di acetato lasciando due linguette per fissarlo all'anello di cartone, che colorerai di rosa

Per l'obiettivo, ritaglia da un rotolo di carta igienica un anello alto circa 4 cm. Avvolgi intorno all'anello una striscia di carta ondulata lasciandola sporgere di circa 2 cm dall'anello. Fissa la striscia all'anello con la colla.

Infila l'obiettivo nel foro sul fronte della macchina fotografica. Sfilando l'obiettivo recupererai le monete che hai messo nel salvadanaio.

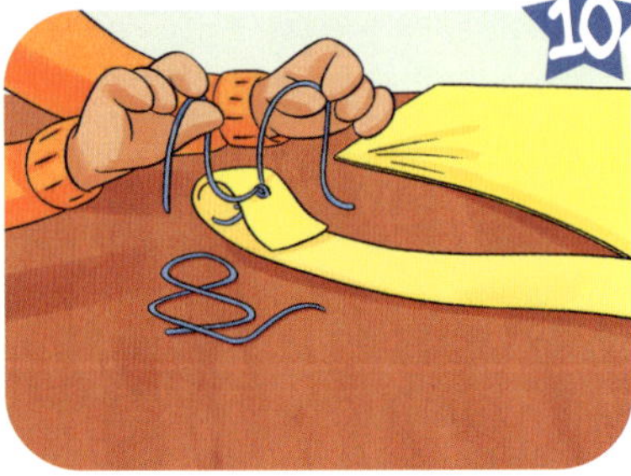

10

Ritaglia una striscia da un panno, sarà la cinghia della macchina fotografica. Per fissarla fai dei buchini alle due estremità. Fai passare un filo azzurro e chiudi con un nodo.

11

Apri la catenella sfilando una graffetta per poi attaccare la cinghia alla macchina

Fai quattro buchi laterali sui lati della macchina, due a destra e due a sinistra, poi attacca una catenella di graffette su ogni lato.

12

È arrivato il momento di mettere le monete nella macchina salvadanaio... basta inserirle dall'apertura sul flash!

Fermaporta con i buchi

OCCORRENTE:
scatola della pasta;
gommapiuma; sassolini;
sacchetto di plastica;
colori acrilici.

1

Disegna un triangolo sulle due facce di una scatola della pasta, come vedi nell'immagine.

2

Ritaglia i due triangoli dalla scatola.

3

Riempi un sacchetto di plastica con dei sassolini, chiudilo e infilalo nella scatola. Con due strisce di cartone e il nastro adesivo, chiudi i lati aperti della scatola.

4

Il lato corto dei due triangoli è leggermente curvo

Misura le cinque facce della fetta di formaggio e ritaglia con le forbici altrettanti pezzi uguali di gommapiuma.

5

Con le forbici fai tanti buchi formaggiosi. Dipingi la gommapiuma con l'acrilico giallo.

6

Colora di giallo tutta la fetta di formaggio e, una volta asciutta, incolla la gommapiuma su tutti i lati. Adesso non ti resta che mettere la tua fetta davanti alla porta per tenerla aperta, o chiusa!

Super Coppa ripiena

OCCORRENTE:

ciotola grande (o insalatiera grande); ciotola media (o insalatiera media); bicchiere di plastica dura; ciotolina di plastica; cartone ondulato; foglio di gomma arancione (spessore 2 mm); nastro di raso rosso e blu; carta assorbente; colori acrilici.

Ritaglia il disco di cartoncino e fissalo alla base della ciotola con il nastro adesivo

Prendi una ciotola di plastica di media grandezza. Appoggiala su un cartoncino e disegnane la circonferenza con la matita, poi ritaglia e incolla il disco in modo da chiudere la ciotola.

Capovolgi un bicchiere di plastica dura e fissalo alla base della ciotola con il nastro adesivo.

3 Appoggia una ciotolina sopra il fondo del bicchiere e fissala con il nastro adesivo.

4

Utilizza una grande ciotola per la parte superiore della coppa e attaccala sopra a quellapiccola.

5

Incolla i manici alla coppa

Per i manici, ritaglia due lunghe strisce di cartone e modellale per ottenere la forma desiderata e un ricciolino alle estremità.

Rivesti tutta la coppa con pezzetti di carta assorbente imbevuti di acqua e colla vinilica.

6

Ora dipingi la coppa con il giallo e, quando è asciutto, crea alcuni buchini di formaggio con sfumature bianche, arancioni e marroni.

Per realizzare altri buchi di formaggio in rilievo, ritaglia da un foglio di gomma alcuni dischi di varie misure.

Con i pennarelli colora i dischi creando delle sfumature

Per realizzare la coccarda, ritaglia dal cartoncino il numero 1 e due dischi di diversa misura. Quindi incollali, sovrapposti.

Rivesti la coccarda con pezzetti di carta assorbente imbevuti di acqua e colla vinilica

Con il nastro blu fai le due punte e attaccale sotto il disco

Con gli acrilici dipingi la coccarda. Arriccia un nastro di raso e fissa le pieghe con la cucitrice. Incollalo sotto alla coccarda.

Ghirlanda natalizia

OCCORRENTE: 1 disco di polistirolo (del diametro di circa 25 cm) con un foro al centro (del diametro di 10 cm); stoffa sottile verde e rossa; nastro dorato alto 5 cm; nastro scozzese o con disegni natalizi; forbici con la lama a zig-zag; 1 uncinetto - 1 pennarello.

1) Ritaglia dei quadrati di stoffa rossa e verde di 5 x 5 cm.

2) Con un pennarello, segna sul polistirolo dei puntini alla distanza di 1 cm l'uno dall'altro. Quindi con l'uncinetto fora il polistirolo, in corrispondenza dei puntini indicati.

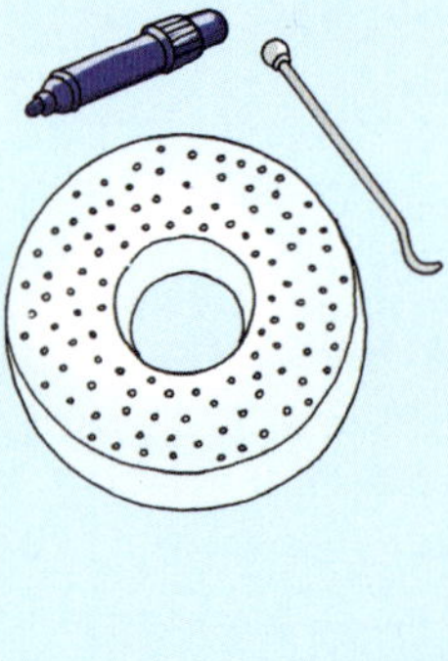

3) Disponi sul tavolo un quadrato di tessuto rosso e appoggia nel centro l'estremità dell'uncinetto.

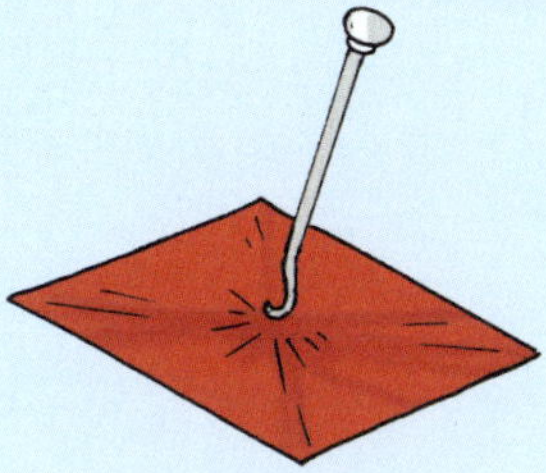

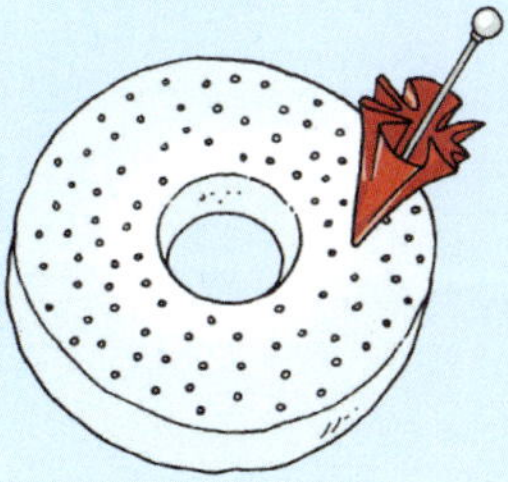

4) Ripiega il tessuto attorno all'uncinetto e, tenendolo con le dita, infila il ciuffetto di stoffa in un foro del disco di polistirolo.

5) Alla stessa maniera infila ciuffetti di stoffa verde o di nastro dorato, alternandoli ai ciuffetti di stoffa rossa. Ricopri completamente la superficie di polistirolo. Come ultimo tocco, decora la ghirlanda con il nastro scozzese.

Travestiamoci da renne!

OCCORRENTE: 1 cerchietto sottile per capelli; 2 campanellini; 8 scovolini di ciniglia per hobbystica; 1 matassina di lana marrone; cartoncino; 1 tazzina da caffè; 1 moneta da 2 euro; matita; forbici.

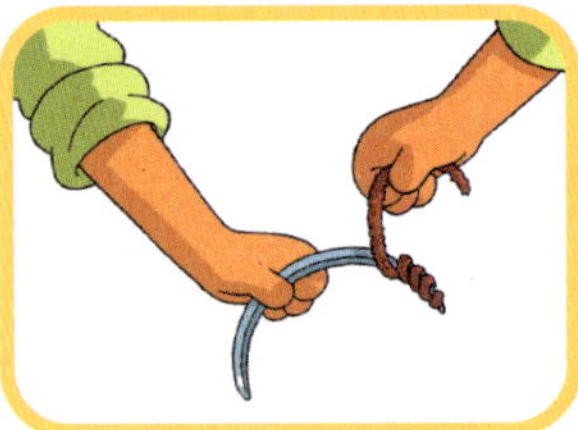

1) Avvolgi 2 scovolini intorno al cerchietto fino a ricoprirlo completamente. Poi, per le corna, unisci tra loro 3 scovolini per volta, avvolgendo le loro estremità: otterrai così due scovolini lunghi.

2) Piega uno dei due scovolini a 35 cm, poi sagoma il resto piegandolo come nel disegno. Fissa la parte sagomata a quella dritta avvolgendone le estremità. Fai lo stesso con l'altro. scovolino.

3) Infila i due campanellini in fondo a ogni scovolino, a circa 5 cm dall'estremità. Poi fissa le corna ottenute al centro del cerchietto, tenendole a una distanza di 10 cm l'una dall'altra.

4) Per preparare il naso devi ricavare due dischetti nel cartonicino: piegalo in due, appoggia la tazzina rovesciata e segnane a matita il contorno. Poi prendi la moneta, appoggiala al centro del dischetto ottenuto e tracciane il contorno.

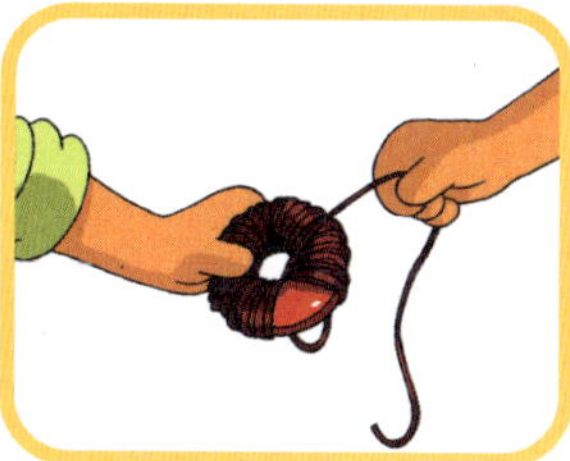

5) Ritaglia il cartoncino piegato lungo le tracce, in modo da ottenere due dischetti, sovrapponili e poi uniscili con il filo di lana: avvolgilo facendolo passare sempre dal buco, fino a rivestire completamente i dischetti. Ferma il filo con un piccolo nodo.

6) Inserisci le forbici tra i due dischetti e taglia il filo lungo il perimetro. Per il legaccio, fai passare un filo di lana di 80 cm circa tra i due dischetti e annodalo stretto in corrispondenza del centro, quindi elimina i due dischetti.

Per un Natale coi baffi

Ecco tante idee per i tuoi biglietti di Natale!

Ti voglio bene!

TANTI AUGURI PER UN TOPOLOSO NATALE!

AUGURI di BUON NATALE!

A NATALE I SOGNI POSSONO DIVENTARE REALTÀ!

Gioioso
Natale!!!

HO...
HO...
HO...
BUON
NATALE!

BUON
NATALE!

STRATOPICO
NATALE!

Per un
NATALE
da far
FRULLARE
I BAFFI!

TANTI
AUGURI
PER UN
NATALE
SPECIALE!

BENVENUTI NEL REGNO UNITO!

PER LE VACANZE DI NATALE, GERONIMO E I SUOI AMICI SONO VOLATI A LONDRA. IN AEROPORTO LI ASPETTA PETER MOUSE. CHE ACCOGLIENZA STRATOPICA!

Ciao, Geronimo! Che bello rivederti!
Hello, Geronimo! It's great to see you again!
(Halòu, Geronimo. It's grèit tu sïiu eghèin!)

Anch'io sono felice di rivederti! Come stai?
It's good to see you too! How are you?
(It's gud tu sïiu tùu! Hàu ar iù?)

Bene, grazie. E tu?
Fine, thanks. And you?
(Fàin, thenks. End iù?)

Benissimo. Ti presento Benjamin, il mio nipotino, e la sua amica Pandora.
Very well. I'll introduce you to Benjamin, my little nephew, and to his friend Pandora. *(Vèri uèl. Àì'll introdiùsiu tu Benjamin, màì lìtl nèfiu, end tu his frend Pandora.)*

Sono molto felice di conoscervi!
I'm very pleased to meet you!
(Àì'm vèri plïìsd tu mïitiu!)

Lei è mia sorella Tea e lui è mio cugino Trappola.
She's my sister Tea and he's my cousin Trappola.
(Sci's màì sìstar Tea end hi's màì kàsn Trappola.)

È un piacere incontrarvi, Geronimo mi ha parlato molto di voi.
Pleased to meet you, Geronimo told me all about you.
(Pliìsd tu miìtiu, Geronimo tòuldmi ol ebàutiu.)

E loro sono due miei carissimi amici: Patty Spring e Iena.
And they're two very good friends: Patty Spring and Iena.
(End dhèi'r tùu vèri gud frends: Patty Spring end Iena.)

Benvenuti nel Regno Unito!
Welcome to the U.K.!
(Uèlkam tu dhe iù-kèi!)

PRESENTAZIONI FORMALI

Permette che mi presenti?
May I introduce myself? *(Mèi ài introdiùs maisèlf?)*

Vorrei presentarle...
I'd like you to meet.../I'd like to introduce you to...
(Ài'd làikiu tu mi̇̀it.../Ài'd làik tu introdiùsiu tu...)

Questo è.../Questa è...
This is... *(Dhis is...)*

Lieto di conoscerla.
Pleased to meet you. *(Pli̇̀isd tu mi̇̀itiu.)*

Sono davvero lieto di conoscerla.
I am very pleased to meet you. *(Ài em vèri pli̇̀isd tu mi̇̀itiu.)*

Il piacere è mio.
Pleased to meet you too. *(Pli̇̀isd tu mi̇̀itiu tùu.)*

PRESENTAZIONI INFORMALI

Come ti chiami?
What's your name? *(Uòt's iòur nèim?)*

Mi chiamo.../Il mio nome è...
My name is... *(Mài nèim is...)*

Questo è un mio amico./Questa è una mia amica.
This is a friend of mine. *(Dhis is e frend ov màin.)*

Sono un amico/un'amica di...
I'm a friend of... *(Ài'm e frend ov...)*

Piacere di conoscerti.
Nice to meet you. *(Nàis tu mi̇̀itiu.)*

Felice di conoscerti, finalmente!
Great to meet you, at last! *(Grèit tu mi̇̀itiu, at last!)*

SALUTI FORMALI

Buongiorno.
Good morning. *(Gud mònin.)*

Buon pomeriggio.
Good afternoon. *(Gud aftenùun.)*

Buona sera.
Good evening. *(Gud ìvnin.)*

Buona notte.
Good night. *(Gud nàit.)*

Benvenuto!
Welcome! *(Uèlkam!)*

Che piacere rivederla!
Lovely to see you again!
(Làvli tu siìu eghèin!)

Come sta?
How are you? *(Hàu ar iù?)*

Bene, grazie.
Fine, thank you. *(Fàin, thènkiu.)*

Molto bene, grazie, e lei?
Very well, thank you, and you?
(Vèri uèl, thènkiu, end iù?)

Non c'è male.
Not too bad. *(Not tùu bad.)*

Non molto bene.
Not too good. *(Not tùu gud.)*

SALUTI INFORMALI

Salve!
Hello! *(Halòu!)*

Ciao!
Hi! *(Hài!)*

Felice di vederti!
Nice to see you! *(Nàis tu siìu!)*

È bello rivederti!
It's good to see you again!
(It's gud tu siìu eghèin!)

Come vanno le cose?
How are things?
(Hàu ar thinghs?)

Come va?
How is it going?
(Hàu is it gòuin?)

Abbastanza bene.
Pretty good. *(Prìti gud.)*

E tu che mi dici?
How about you?
(Hàu ebàut iù?)

Tutto bene.
All right. *(Ol ràit.)*

Sono contento che tu sia venuto.
I'm so glad you could make it.
(Ài'm so glad iù kud mèikit.)

CONGEDARSI IN MODO FORMALE

Arrivederci.
Goodbye. *(Gudbài.)*

Piacere di averla conosciuta.
Lovely to have met you. *(Làvli tu hev mètiu.)*

Spero di rivederla presto.
I look forward to meeting you again soon.
(Ài luk fòruord tu miïtiniu eghèin sùun.)

A domani.
See you tomorrow. *(Siïu tumòrou.)*

Buona giornata.
Have a nice day. *(Hev e nàis dèi.)*

Buon fine settimana.
Have a good weekend.
(Hev e gud uikènd.)

CONGEDARSI IN MODO INFORMALE

Ciao!
Bye-bye! *(Bài-bài!)*

Piacere di averti conosciuto.
Nice meeting you. *(Nàis miïtiniu.)*

Anche per me.
Same here. *(Sèim hìar.)*

Devo andarmene.
I have to be going. *(Ài hev tu bi gòuin.)*

A dopo.
See you later. *(Siïu lèitar.)*

A presto.
See you soon. *(Siïu sùun.)*

Ci vediamo.
See you./See you around.
(Siïu./Siïu eràund.)

PRESENTARE LA FAMIGLIA

Hai fratelli o sorelle?
Do you have any brothers or sisters?
(Du iù hev èni bràdhars or sìstars?)

Ho un fratello/una sorella.
I have a brother/sister. *(Ài hev e bràdhar/sìstar.)*

Non ho fratelli e sorelle.
I don't have any brothers or sisters.
(Ài dòun't hev èni bràdhars or sìstars.)

Sei figlio unico?
Are you an only child? *(Ar iù en ònli ciàild?)*

È tua sorella/tuo fratello?
Is that your sister/brother? *(Is dhet iòur sìstar/bràdhar?)*

Sei fidanzato o sposato?
Are you engaged or married? *(Ar iù enghèigd or màrrid?)*

È tuo fratello maggiore?
Is he your big brother? *(Is hi iòur bigh bràdhar?)*

Hai dei bambini?
Do you have any children? *(Du iù hev èni cìldren?)*

Sei parente di...?
Are you related to...? *(Ar iù rilèitid tu...?)*

FAMIGLIA

Cugino/Cugina	Cousin	*(Kàsn)*
Famiglia	Family	*(Fèmili)*
Fidanzata	Girlfriend	*(Ghèrlfrend)*
Fidanzato	Boyfriend	*(Bòifrend)*
Figlia	Daughter	*(Dòutar)*
Figlio	Son	*(Sàn)*
Fratello	Brother	*(Bràdhar)*
Gemelli	Twins	*(Tuìns)*
Genero	Son-in-law	*(Sàn-in-lòu)*
Genitore	Parent	*(Pèrent)*
Madre	Mother	*(Màdhar)*
Marito	Husband	*(Hàsband)*
Moglie	Wife	*(Uàif)*
Nipote (di nonni):	Grandchild:	*(Gràndciaild:)*
nipote femmina	granddaughter	*(gràndoutar)*
nipote maschio	grandson	*(gràndsan)*
Nipote femmina (di zii)	Niece	*(Nìis)*
Nipote maschio (di zii)	Nephew	*(Nèfiu)*
Nipoti (di nonni)	Grandchildren	*(Gràndcildren)*
Nonna	Grandmother	*(Gràndmadhar)*
Nonni	Grandparents	*(Gràndperents)*
Nonno	Grandfather	*(Gràndfadhar)*
Nuora	Daughter-in-law	*(Dòutar-in-lòu)*
Padre	Father	*(Fàdhar)*
Parente	Relation	*(Rilèiscion)*
Sorella	Sister	*(Sìstar)*
Suocera	Mother-in-law	*(Màdhar-in-lòu)*
Suocero	Father-in-law	*(Fàdhar-in-lòu)*
Zia	Aunt	*(Ànt)*
Zio	Uncle	*(Ànkl)*

FACCIAMO AMICIZIA

Da dove vieni?
Where are you from? *(Uèr ar iù from?)*
Vengo da...
I come from... *(Ài kam from...)*
Dove sei nato?
Where were you born? *(Uèr uòr iù bòurn?)*
Sono nato a...
I was born in... *(Ài uòs bòurn in...)*
Dove vivi?
Where do you live? *(Uèr du iù liv?)*
Vivo a.., ma sono nato a...
I live in..., but I was born in... *(Ài liv in..., bat ài uòs bòurn in...)*
Da quale parte di... vieni?
What part of... are you from? *(Uòt part ov... ar iù from?)*
Vengo dal nord/sud di...
I'm from the north/south of... *(Ài'm from dhe nòurth/sàuth ov...)*

VERBI UTILI

Andare via
To leave *(Tu lìïv)*
Arrivare
To get to *(Tu ghèt tu)*
Dare appuntamento
To arrange to meet *(Tu arrèing tu mìït)*
Essere in anticipo/in ritardo
To be early/To be late *(Tu bì èrli/Tu bì lèit)*
Incontrarsi
To meet *(Tu mìït)*
Presentarsi
To introduce oneself *(Tu introdiùs uansèlf)*
Salutare
To say hello/bye-bye *(Tu sèi halòu/bài-bài)*

CONOSCERSI IN VIAGGIO

Dove alloggi?
Where are you staying? (Uèr ar iù stèin?)

Alloggio a/in...
I'm staying at/in... (Ài'm stèin at/in...)

In quale albergo sei?
Which hotel are you staying at? (Uìc hotèl ar iù stèin at?)

Sono al... e tu?
I'm staying at the... and you? (Ài'm stèin at dhe... end iù?)

Quando sei arrivato?
When did you arrive? (Uèn did iù erràiv?)

Sono arrivato ieri.
I arrived yesterday. (Ài erràivd ièsterdei.)

Con chi sei qui?
Who are you with? (Hu ar iù uìdh?)

Sono da solo.
I'm on my own. (Ài'm on mài òun.)

Sono con la mia famiglia e alcuni amici.
I'm with my family and some friends. (Ài'm uìdh mài fèmili end sam frends.)

Perché sei a...?
Why are you in...? (Uài ar iù in...?)

Sono qui per studio.
I'm here to study. (Ài'm hìar tu stàdi.)

Sono qui in vacanza.
I'm here on holiday. (Ài'm hìar on hòlidei.)

CONOSCERSI IN VIAGGIO

I miei genitori sono qui per lavoro.
My parents are here on business. *(Mài pèrents ar hìar on bìsnes.)*

Per quanto tempo rimani qui?
How long are you staying here for?
(Hàu longh ar iù stèin hìar for?)

Rimango qui per due settimane, e tu?
I am staying here for two weeks, and you?
(Ài'm stèin hìar for tùu uìiks, end iù?)

Come trovi il cibo?
How do you like the food? *(Hàu du iù làik dhe fùud?)*

Mi piace molto, e a te?
I like it very much, and you? *(Ài làikit vèri mac, end iù?)*

Che cosa ne pensi di...?
What do you think of...? *(Uòt du iù think ov...?)*

Penso sia fantastico. Adoro...
I think it's great. I love... *(Ài think it's grèit. Ài lav...)*

Qual è il tuo numero di telefono?
What's your telephone number? *(Uòt's iòur tèlefon nàmber?)*

Il mio numero è..., e il tuo?
My number is..., and yours? *(Mài nàmber is..., end iòurs?)*

Teniamoci in contatto!
Let's keep in touch! *(Let's kìip in tac!)*

CURIOSITÀ

L'ALBERO DI NATALE

Lo sapevate che il primo albero di Natale è stato addobbato nella città di Riga, la capitale della Lettonia, nel 1510?

Bisognerà aspettare fino al 1600 per vedere diffondersi l'usanza di decorare l'albero anche nelle case, soprattutto in Germania.

Intorno al 1800, poi, questa usanza si diffuse anche negli altri Paesi europei e quindi in America. Ancora oggi, però, la Germania resta il Paese tipico degli alberi e dei mercatini di Natale.

Il vero Spirito del Natale è...

Festeggiare con le persone cui vuoi bene!

Avere un pensiero speciale

per amici e parenti!

Dedicare più tempo a chi ha bisogno!

Rendere felice chi nella vita si sente solo!

Rinunciare a qualcosa per donarlo agli altri!

Riflettere sulle cose che più contano nella vita!

Imparare a sognare a occhi aperti!

LO SPIRITO DEL NATALE DOVREBBE RIMANERE

NEL TUO CUORE PER TUTTO L'ANNO...

... COMPORTATI OGNI GIORNO COME SE FOSSE NATALE!

GIAGUARI CAMUFFATI

– Chissà se potessero parlare, che cosa direbbero questi giaguari…
– *Direbbero che sono pantere!*

HAHAHAHAHAHAHAHAHA

VERSI

Che cosa fa un uccellino piccolo piccolo su un ramo in primavera?
Un microchip!

ASCOLTARE

– Dottore, non mi ascolta mai nessuno!
E il dottore: – *Avanti il prossimo!!!*

PERCHÈ DUE?

– Questa mattina sull'autobus ho dovuto pagare due biglietti!
– E perché mai?
– Avevo un mal di testa... *passeggero*!

HAHAHAHAHAHAHA

SOLUZIONI AI GIOCHI

1 PUNTINI NELLO STAGNO

Una rana!

2 LE SAGOME

Gli abbinamenti giusti sono: 1-C, 2-E, 3-B, 4-A, 5-D.

3 STRIKE... O QUASI!

I birilli colpiti sono il numero 9 e il numero 7.

4 BANANE E OMBRE!

5 W IL PICNIC!

Hanno dimenticato di portare l'ananas.

6 DELIZIE CULINARIE

L'ingrediente mancante è il pomodoro.

7 INTRUSIONE IN TAVOLA

L'intruso è il numero 4, la melanzana, perché è l'unica verdura.

8 GNAM... CHE LABIRINTO!

9 UN ATLETA... GOLOSO!

Il colpevole è il terzo atleta da sinistra nella fila superiore: dalla tasca dei pantaloni, infatti, spunta la buccia di una banana!

10 MI SI GHIACCIANO I BAFFI!

L'indumento non indossato è la cuffia da notte.

11 RITRATTO... COI BUCHI!

Gli abbinamenti giusti sono: 1-B, 2-D, 3-A, 4-C.

12 ROMANTICHERIE

I fiori uguali sono: 1 e 5.

13 A TUTTA DRITTA!

La sequenza è: H-I-J-K-H-F-D-E-G-D-C-B-A-C.

14 FORMAGGIO A CUBETTI

I due solidi che s'incastrano perfettamente sono il numero 1 e il numero 3.

15 REBUS DELLO STAGNO

PA pere E ANA tre = papere e anatre.

16 UNA SAVANA DI PUNTINI

Un leone!

17 TIRO ALLA SCAMORZA

Le scamorze colpite hanno i numeri 25 e 11.

18 SOVRAPPOSIZIONI COI BAFFI

Gli oggetti sono 7: libro, bicchiere, bottiglia, fiore, lampada, tazza, tromba.

20 POFFARTOPO, QUALI SONO I DOPPIONI?

I doppioni sono: A e D.

21 ATTERRAGGIO TURBOLENTO

La sequenza giusta è:
1, 3, 2, 4.

22 RIPARIAMO IL CIRCUITO

Il pezzo giusto è: E.

23 CHE ORE SONO?

La sveglia in tilt è la numero 3 perché l'orario 29:10 non esiste!

24 DIFFERENZE REDAZIONALI

25 PALLONCINI IN VOLO

I palloncini uguali sono i numeri 2 e 6.

26 UN BUCO NELLA MAGLIA

Il tassello mancante è il numero 4.

27 SEQUENZALBERO

La sequenza giusta è:
3, 4, 1, 2.

28 CHE STRANA BICI!

29 COMPLEANNO IN CASA STILTON

Gli abbinamenti giusti sono: 1-C, 2-A, 3-B.

30 DOVE ROTOLA IL FORMAGGIO?

31 STRANI BUCHI NEL FORMAGGIO

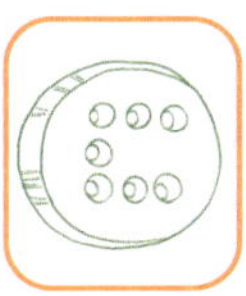

Spostando a sinistra il buco al centro si forma la lettera C.

32 FORMAGGIO, CHE PASSIONE!

Il formaggio che compare più volte è il groviera.

33 POFFARTOPO... CHE AGENDA!

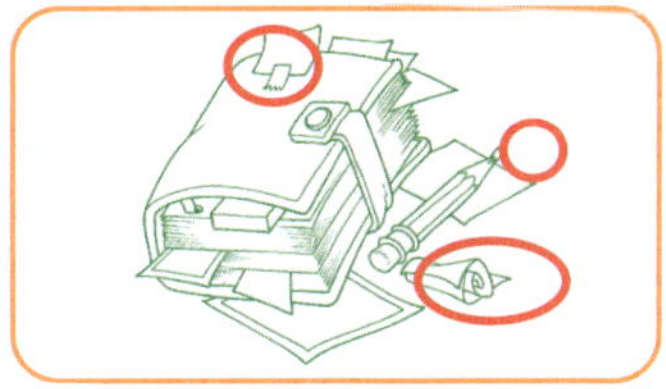

34 CACCIA ALL'INTRUSO

L'intruso è il numero 5, perché la biro è un oggetto, mentre gli altri sono tutte specie appartenenti al mondo animale o vegetale.

35 DIFFERENZE ARISTOCRATICHE

36 SVOLAZZANDO QUA E LÀ

Una farfalla!

37 CHE BONTÀ!

Il gelato diverso è il numero 6.

38 PIANTE RAMPICANTI

39 PUNTINI AL POLO

Un pinguino!

40 IL REGALO MISTERIOSO

Il roditore indicato è l'ultimo a destra nella fila dietro: è quello che ha in mano la fetta di groviera

41 MERITATO RELAX

Il tassello corretto è il numero 4.

42 PERALABIRINTO

43 PUNTINI... PIUMATI

Uno struzzo!

44 TUTTI IN CAMPO

45 TUTTI AL SUPERMARKET

Il tassello corretto è
il numero 2.

46 UN REGALO PER TEA

Il regalo è un PARACADUTE.

47 REBUS IN CITTÀ

P orto dito PAZIA =
= porto di Topazia.

48 PUPAZZI DI... MOZZARELLA

Il pupazzo di neve
indicato è il numero 6.

49 FESTA IN MASCHERA

I due personaggi con lo stesso travestimento sono il topino in basso a sinistra e il roditore in alto a destra accanto al palco: sono entrambi vestiti da mummia.

50 LIBRO ILLUSTRATO

I 4 simboli sono: quadrifoglio, cuore, coccinella e coppa.

51 ERRORI DI FRUTTA

52 SPRINT FINALE

L'ordine di arrivo è:
1, 3, 4, 2

53 OCCHIO AL FILO

Il piatto collegato alla formaggera è il numero 3.

54 DIFFERENZE IN BIBLIOTECA

55 LETTERE DI BASTONCINI

Aumentando di volta in volta il numero di bastoncini utilizzati, l'inserimento corretto è: T, M.

56 DIETA... EQUILIBRATA!

Ci sono più spuntini.

57 CHE BEL MESTIERE!

1. Bagnino, 2. Acrobata,
3. Cavallerizza, 4. Dottore,
5. Presentatore.

59 VASO ANTICO

Il vaso dell'ombra è
il numero 6.

60 LA GRANDE ABBUFFATA

L'ordine del menu
è: C, D, A, B.

61 SPORT E PALLINE!

Lo sport a cui non
serve la palla è il
numero 3, perché
nell'hockey si utilizza
un dischetto.

62 LABIRINTO AL FORMAGGIO

63 SPELLICCIO IN CANOA

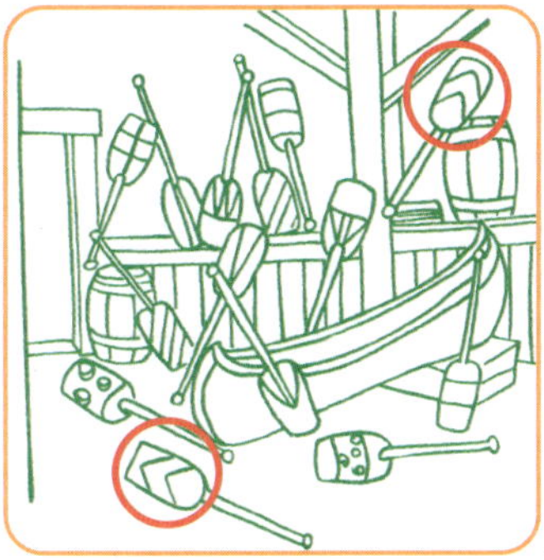

64 W IL CAMPEGGIO

I 4 oggetti sono:
zaino, tenda, lanterna
e bussola.

INDICE

Cari amici roditori, arrivederci al prossimo libro.
Un altro libro coi baffi, parola di Stilton...

Geronimo Stilton